高等职业教育汽车整形技术专业规划教材

汽车车身
测量与校正

交通职业教育教学指导委员会
汽车运用与维修专业指导委员会　组织编写
　　　　郭建明　李占锋　主编

人民交通出版社
China Communications Press

内容提要

本书是高等职业教育规划教材,是在各高等职业院校积极践行和创新先进职业教育思想和理念,深入推进"校企合作、工学结合"模式的大背景下,由交通职业教育教学指导委员会汽车运用与维修专业指导委员会组织编写而成。

本教材以事故车维修工作过程为主线,内容包括车身测量、事故车车身检验、事故车修复评估报告拟定、车身变形的校正作业、车身钣金件的修复和更换,共5个学习任务。

本书供高等职业院校汽车整形技术专业教学使用,也可作为车身修复人员的岗位培训教材或自学用书。

图书在版编目(CIP)数据

汽车车身测量与校正 / 郭建明,李占锋主编. ---北京:人民交通出版社,2011.7
ISBN 978-7-114-09094-3

Ⅰ.①汽… Ⅱ.①郭… ②李… Ⅲ.①汽车-车体-车辆修理-高等职业教育-教材 Ⅳ.①U472.4

中国版本图书馆 CIP 数据核字(2011)第 082815 号

Qiche Cheshen Celiang yu Jiaozheng

书　　名:	汽车车身测量与校正
著 作 者:	郭建明　李占锋
责任编辑:	富砚博
出版发行:	人民交通出版社
地　　址:	(100011) 北京市朝阳区安定门外外馆斜街3号
网　　址:	http://www.ccpress.com.cn
销售电话:	(010) 59757973
总 经 销:	人民交通出版社发行部
经　　销:	各地新华书店
印　　刷:	北京鑫正大印刷有限公司
开　　本:	787×1092　1/16
印　　张:	10.5
字　　数:	231 千
版　　次:	2011年7月 第1版
印　　次:	2018年5月 第4次印刷
书　　号:	ISBN 978-7-114-09094-3
定　　价:	22.00 元

(有印刷、装订质量问题的图书由本社负责调换)

交通职业教育教学指导委员会
汽车运用与维修专业指导委员会

主 任 委 员： 魏庆曜

副主任委员： 张尔利　汤定国　马伯夷

委　　　员： 王凯明　王晋文　刘　锐　刘振楼　刘越琪

　　　　　　　许立新　吴宗保　张京伟　李富仓　杨维和

　　　　　　　陈文华　陈贞健　周建平　周柄权　金朝勇

　　　　　　　唐　好　屠卫星　崔选盟　黄晓敏　彭运均

　　　　　　　舒　展　韩　梅　解福泉　詹红红　裴志浩

　　　　　　　魏俊强　魏荣庆

秘　　　书： 秦兴顺

前　言

为贯彻《国务院关于大力发展职业教育的决定》以及教育部制订的《国家教育事业发展"十一五"规划纲要》精神，深化职业教育教学改革，积极推进课程改革和教材建设，满足职业教育发展的新需求，交通职业教育教学指导委员会汽车运用与维修专业指导委员会组织全国交通职业技术院校的骨干教师及相关企业的专业人员，编写了本套高等职业教育规划教材，供高等职业院校汽车整形技术专业教学使用。

本系列教材在组织编写过程中，认真总结了全国交通职业院校多年来的专业教学经验，注意吸收发达国家先进的职教理念和方法，形成了以下特色：

1. 推行工学结合的人才培养模式。汽车整形技术专业建设，从市场调研、职业分析，到专业教学标准、课程标准开发，再到课程方案制订、教材编写的全过程，都是交通职业院校的教师与相关企业的专业人员一起合作完成的，真正实现了学校和企业的紧密结合。本专业的课程也体现了工学结合的本质特征——"学习的内容是工作，通过工作实现学习"。本专业的核心课程有：《车身结构及附属设备》、《汽车车身测量与校正》、《汽车车身修复技术》、《汽车车身焊接技术》、《油漆调色技术》、《汽车涂装技术》、《汽车涂装复杂表面处理技术》。

2. 体现任务驱动的课程教学理念。以职业岗位的典型工作任务为驱动，确定理论与实践一体化的学习任务，按照工作过程组织学习过程。每个学习任务既有知识学习，又有技能操作，是工作要求、工作对象、工具、方法与劳动组织方式的有机整体。

3. 倡导行动导向的引导式教学方法。本系列教材注重对学习目标和引导问题的设计，以学生为主体，强化学生的地位，给学生留下充分思考、实践与合作交流的时间和空间，让学生亲身经历从观察→操作→交流→反思的活动过程。

4. 提供紧密结合职业岗位的技术内容。教材内容力求符合最新的国家及行业相关技术岗位标准以及技能鉴定的要求，为学生考取双证提供帮助。

5. 采用全新的结构编排模式。本系列教材打破了传统教材的章节体例，以典型学习任务为一个相对完整的学习过程，每个学习任务的内容相互独立但又有内在的联系。在每个学习任务开篇处，都以解决实际问题、完成岗位任务为导引，设定"学习目标"、"任务描述"和"学习引导"三个栏目，围绕工作任务聚焦知识和技能；正文则由"相关知识"、"任务实施"和"评价反馈"三部分内容组成，实现了理论实践一体化。

《汽车车身测量与校正》是本系列教材中的一本。与传统同类教材相比，本教材在保证理论知识适度、够用的基础上，以实际生产中汽车维修钣金工在维修事故车时的工作过程为主线，突出了事故车测量、校正的操作方法，提出了事故车评估及修复方案制定思路，给出了数个事故车维修典型案例，教学内容图文并茂，操作步骤详尽明确，并适度补充了车身测量的新设备、新技术、新工艺和设备的简单维护。

参加本书编写工作的有：陕西交通职业技术学院的李占锋（编写学习任务1和学习任务2）、陕西交通职业技术学院的王亚平（编写学习任务3）、陕西交通职业技术学院的郭建明（编写学习任务4）、陕西交通职业技术学院的王飞（编写学习任务5）。全书由陕西交通职业技术学院的郭建明和李占锋担任主编。

限于编者经历和水平，教材内容难以覆盖全国各地的实际情况，希望各教学单位在积极选用和推广本系列教材的同时，注重总结经验，及时提出修改意见和建议，以便再版修订时补充完善。

交通职业教育教学指导委员会
汽车运用与维修专业指导委员会
2011年4月

目　　录

学习任务1　车身测量 ·· 1
　　学习目标 ·· 1
　　任务描述 ·· 1
　　学习引导 ·· 1
　　一、相关知识 ··· 2
　　二、任务实施 ·· 22
　　三、评价反馈 ·· 31

学习任务2　事故车车身检验 ·· 34
　　学习目标 ··· 34
　　任务描述 ··· 34
　　学习引导 ··· 34
　　一、相关知识 ·· 35
　　二、任务实施 ·· 59
　　三、评价反馈 ·· 65

学习任务3　事故车修复评估报告拟定 ························· 67
　　学习目标 ··· 67
　　任务描述 ··· 67
　　学习引导 ··· 67
　　一、相关知识 ·· 68
　　二、任务实施 ·· 75
　　三、评价反馈 ·· 76

学习任务4　车身变形的校正作业 ································ 78
　　学习目标 ··· 78
　　任务描述 ··· 78
　　学习引导 ··· 78
　　一、相关知识 ·· 79
　　二、任务实施 ·· 107

三、评价反馈 ·· 116
学习任务5　车身钣金件的修复和更换 ·· 119
　　学习目标 ·· 119
　　任务描述 ·· 119
　　学习引导 ·· 119
　　一、相关知识 ·· 120
　　二、任务实施 ·· 153
　　三、评价反馈 ·· 156
参考文献 ·· 158

学习任务1 车身测量

学习目标

1. 了解常用车身测量设备的结构,掌握其工作原理和特点。
2. 熟练掌握常用车身测量设备的安装、调试、日常维护、常见故障的处理、使用方法。
3. 能够正确使用车身测量设备进行车身尺寸测量。

任务描述

汽车车身变形的测量是现代汽车车身修复的重要内容,汽车其他总成的安装是否正确与汽车车身形状和位置密不可分。车身尺寸的正确与否将直接影响汽车的总体性能,因此车身修复人员必须足够重视车身变形的测量。通过亲自动手体验并完成车身重要控制点尺寸的测量作业,熟练掌握常用车身测量设备的安装、调试、日常维护、常见故障的处理和正确使用,为以后事故车的检验及校正任务打下良好基础。

学习引导

车身测量的学习路径为:

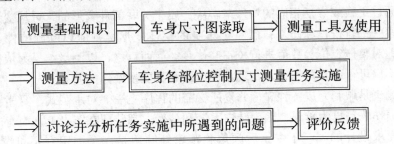

一、相关知识

（一）车身测量的必要性

汽车车身测量是车身维修中不可缺少的重要环节之一。它是维持或恢复车身的正常功能，延长使用寿命并使其经常处于完好技术状态的主要依据。

导致汽车车身变形的因素很多，归纳起来不外乎以下几个方面：设计、制造过程中本身的薄弱环节；部分车身材料上存在的缺陷；维修工艺不当形成的隐患或损伤；经长期使用所引起的变形或材质老化；碰撞事故而导致的机械损伤。

对于局部变形或损伤，可以比较直观地做出判断，但对整体变形的诊断就显得不那么容易了。对于车身的整体变形，没有正确的测量结果作为依据，修复作业便无从下手。

由汽车车身的基本构造与功能可知，车身整体定位参数如果发生变化，对行驶性、稳定性、平顺性、安全性、使用性等都有至关重要的影响。所谓整体定位参数，是指那些对汽车发动机、底盘、车身主要构件的装配位置具有直接影响的基础数据。如汽车的前轮定位、轴距误差和各总成的装配位置精度等。而这些可以定量测得的表征车身外观、装配尺寸和使用性能的参数值，恰恰又是原厂技术文件中做了重要规定的技术数据。由此可见，测量在车身维修中占据着极其重要的地位，并且也是影响车身维修质量的关键。一方面用于对车身技术状况的诊断，另一方面用于指导车身维修。

车身维修的测量，一般分为作业前、作业中和修复后三个步骤。作业前的检测，旨在确认车身损伤状态和把握变形程度的大小；维修作业过程中的检测，有助于对修复过程的质量进行有效的控制；修复后的检测，为验收和质量评估提供可靠的数据。

车身整体变形的认定，主要依赖于对关键要素的测量结果。它不仅有助于对变形做出正确的技术诊断，同时也为合理地制订维修方案提供依据。其中，属于单一构件变形的，可以通过更换或修复相应的构件来解决；属于关联部件变形的，可从变形较大的构件入手，逐一进行校正和修复；而对于车身的整体变形，则应以基础构件为基准，综合、全面地对整体定位参数值进行校正和修复。简而言之，以测量结果为依据制订的维修方案，不仅可行而且可靠，是实现正确诊断和高质量维修的基础。

准确测量是顺利完成各种碰撞修复所必需的程序之一。对承载式车身来说，测量对于成功的损伤修复更为重要，因为转向系统和悬架大都装配在车身上，而有的悬架则是依据装配要求设计的。汽车主销后倾角和车轮外倾角是一个固定（不可调整）的值，因此，车身发生损伤就会严重影响到悬架结构。齿轮齿条式转向机通常装配在钢架上，与转向臂形成固定的连接，而发动机、变速器及差速器等也被直接装配在车身构件或车身构件支承的支架（钢板或整体钢梁）上。所有这些部件的变形都会使转向机或悬架变形，或使机械部件错位，而导致转向操作失灵，传动系统的振动和噪声，连接杆端头、轮胎、齿轮齿条、常用接头或其他转向装置的过度磨损等。因此，为保证汽车正确的转向及操纵驾驶性能，关键加工尺寸的配合公差必须控制在允许的范围内。

对车身的校正或主要构件的更换，需要通过测量来保证其相关的形状尺寸精度和位置精度，维修过程中不断测量车身定位参数值所处于的状态，是保证修复作业是否在质量控制之下的关键。因为，为维持或恢复车身完好技术状况、功能、使用寿命的作业，有它应遵循的技术标准。其中，除了可以进行定性评价的技术要求外，更多的则是依照测量结果进行定量评价的技术指标。更确切地说，测量对修复效果起着量化的验证作用，尤其是在校正变形的过程中，没有对外观参数的测定，修理作业是无法进行的。

（二）车身尺寸测量的基本要素

车身维修中对变形的测量，主要表现为尺寸数值与形状上的对比，实际上就是对车身及其构件的形状与位置误差的检测，而选择测量基准又是形状与位置公差中十分重要的内容。

正确的车身检测与测量是车身维修的基础，而掌握车身测量的点、线、面三个要素，又是高质量完成车身测量工作的关键。

1. 控制点

车身测量的控制点用于检测车身损伤与变形的程度。车身设计与制造中设有多个控制点，检测时可按技术要求测量车身上各个控制点之间的尺寸，如果误差超过规定的极限尺寸，应设法修复使其达到技术标准规定的范围。

车身上的控制点并非无规律可循。承载式车身的控制点如图1-1所示，第一个控制点通常在前横梁处①；第二个控制点在前围板区域内②；第三个控制点在后车门区域内③；第四个控制点在后车身后横梁处④。

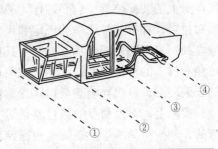

图1-1 车身控制点的基本位置

对车身进行整体校正时，可根据上述控制点的分布将车身分为前、中、后三部分（图1-2a），这种划分方法主要基于车身壳体的刚度等级和区别损伤程度，分析不同控制点及其在车身测量基准中的作用和意义。

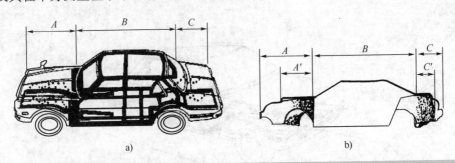

图1-2 车身上吸收冲击能量的分段
a) 车身壳体的刚度等级；b) 车身受冲击时的变形状况

车身壳体刚度分级的概念是：同一车身划分成不等的壳体刚度。乘员舱尽可能具有最大的刚度，而相对于乘员舱的前、后（发动机舱、行李舱）则应具有较大的韧性。如图1-2b）所示，通常分别于前、后两处设置可以吸收冲击能量的安全结构。当汽车发生正面碰撞或追尾等事故时，所产生的冲击能量可以在车身前部 A 段或后部 C 段得以迅速吸收，以前车身或后车身局部首先变形成 A' 或 C'，来保证中部乘员舱 B 段有足够的活动范围与安全空间。

由图1-2不难看出，这种有意预留在车身前、后的"薄弱环节"，能够很好地起到吸收冲击能量的作用。而车身中部的乘员舱及其周围，一般要比前、后车身坚固且具有良好的整体性。这样，当冲撞事故发生时，预计的局部变形反倒能为乘员留有一定的生存空间。

基于上述理由，维修作业中应当绝对避免对类似于图1-2中 A、C 段貌似强度不足之处擅自施行加固作业，否则会由于原有技术方案被破坏而留下潜在危害。

由于车身设计和制造是以几个控制点作为组焊与加工定位基准的，这些由生产工艺上留下来的基准孔，同样可以作为车身测量时的定位基准。除此之外，汽车各主要总成在车身上的装配位置，也必须作为控制点来对待。因为，这类装配支架和装配孔之间的相对位置，都有非常严格的规定和尺寸要求，并且对汽车的技术性能也有十分重要的影响。如：汽车前悬架支承点与车身其他控制点的相对位置正确与否，会直接影响前轮定位角和汽车的轴距误差；发动机支承点与车身控制点的相对位置，则会影响到传动系统的正确装配，造成异响甚至损坏发动机或传动系的零件。

实际上，对控制点的测量就是对关键参数的检查与控制，并且这些参数又是有据可查的，一些车身测量设备就是根据控制点原则研制而成的，它是目前车身维修中比较实用和流行的测量原则。

2. 基准面

车身设计时往往是先选定一条基准线，将该基准线沿水平方向平移成一个水平平面，由车身上各个对称平行点所形成的线或面与之平行，如图1-3所示。那么，车身图纸上所标注的沿高度方向上的尺寸，为车身各部分与基准平面间的距离。既然车身设计与制造是以该平面为高度基准的，车身测量与维修同样需要用这些高度要求来控制其误差的大小。

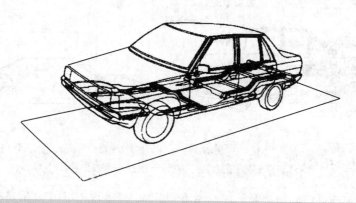

图1-3　汽车车身尺寸测量基准平面

在实际测量中,应根据上述基准面原则调整车身沿水平方向的高度,由此确定车身高度测量基准。如果遇到实际测量部位不便于直接使用量具时,可以根据数据传递方法将基准面上移或下移,这样不仅有利于测量仪器使用,而且也可以获得更加精确的测量结果。

3. 中心线及中心面

中心线及其沿垂直方向平移获得的中心面,实际上是一个假想的具有空间概念的直线和平面,该平面将车身沿长度方向截为对称的两部分,如图1-4所示。车身的各个点通常是沿这一平面对称分布的,因此所有宽度方向的尺寸参数及测量,都是以该中心线或中心面为基准的。

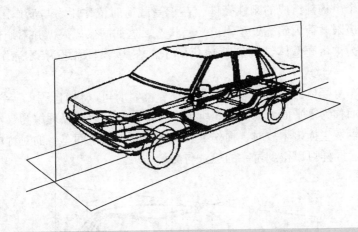

图1-4 汽车车身尺寸测量中心平面

实际测量中,使用定中规等测量仪器检查车身损伤时,如果不同测量断面上定中规的中心指向在同一条直线或平面上,可以说明车身无横向变形或损伤。如果经测量发现定中规有偏移时,则说明该断面车身发生了横向变形或损伤。

修复车身所发生的变形或损伤时,应在纵向、横向两个截面上反复调修、校核相对于标准的形状与位置误差参数,使车身表面各关键点(空间坐标)符合技术规定。更换车身覆盖件时,对互换性、形状与位置公差和装配准确度亦有着较高的技术要求。这些都很难单纯地依靠技术、工艺标准来实现对车身维修质量的控制与判定。

由于绝大多数车身都是对称设计的,但也要注意非对称部位的存在及其测量要求。选择带有补偿调节装置的定中规,测量时先消除因非对称零件而造成的数据差别,不便于消除非对称部位的数据差时,也可采取措施避免因此带来的测量麻烦。

4. 零平面

车身维修中,对整体变形或损伤进行分析时,可以将承载式车身看作一个矩形结构,如图1-5所示。承载式车身虽然没有独立的车架,但由于车身主体与类似于车架功能的车身底板,采用组焊等方式制成整体刚性框架,使整个车身(底板、骨架、内外蒙皮、车顶等)都参与承载。这样,分散的承载力会分别作用于各个车身结构件上,如图1-5a)所示。

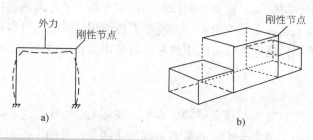

图1-5 刚性框架的受力分析与应力外壳
a)刚架受力情况；b)应力壳体

但是，这个由构件组成的刚性壳体，在承受载荷时依作用力与反作用力平衡法则，使整个壳体在极限载荷内始终处于稳定平衡状态。这如同仅凭握力并不能使鸡蛋破碎那样，所施的压力被蛋壳整体结构有效地化解了，在力学上称之为"应力壳体"，如图1-5b)所示。

根据应力车身壳体的变形特点和损伤规律，测量时可以将前、中、后三部分或左右对称部分的界面称为零平面，如图1-6所示。零平面的变形可以理解为最小。以中间车身为例，当车辆发生撞击事故时，损伤最轻的部位通常为中间车身的对称中心，如果以此为基准测量，同样可以得到可靠的检查与测量结果。

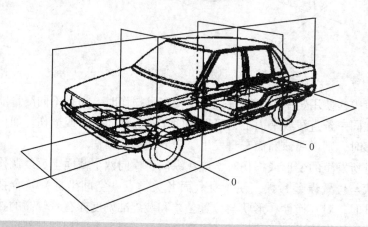

图1-6 汽车车身尺寸测量中心平面

（三）车身尺寸图的读取

各汽车公司的汽车都有车身数据，有些车身测量维修设备公司也通过测量来获得数据。不同的维修设备公司和厂家提供的数据格式可能不同，但要表达的基本内容是一致的，都要提供车身主要结构件、板件（车门、发动机罩、行李舱盖、翼子板等）的安装位置，机械部件（发动机、悬架、转向系统等）的安装尺寸。不同公司提供的车身尺寸图在形式上可能有所不同，但是基本的数据信息是相同的，一般都注明了车身上特定的测量点，而且都要反映出车身上测量点的长、宽、高的三维数据，以此为基准对车身的定位尺寸进行测量，可以准确地评估变形及其损伤的程度，是比较可靠也较为流行的方法。

图1-7所示为车身尺寸图。图的上半部分是俯视图，下半部分是侧视图，用一条虚线隔开。图的左侧部分代表车身的前方，右侧部分代表车身的后方。要读取数据，首先要找到图中长、宽、高的三个基准。

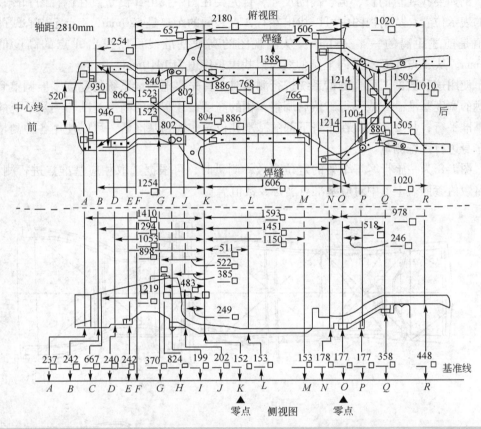

图1-7 车身尺寸图

1. 宽度数据

在俯视图中间位置有一条贯穿左右的线，这条线就是中心面，又称为中心线，它把车身一分为二。俯视图上的黑点表示车身的测量点，一般的测量点是左右对称的。两个黑点之间的距离有数据显示，单位是mm（有些数据图还会在括号内标出英制数据，单位是in），每个测量点到中心线的宽度数据是图上标出的数据值的一半。

2. 高度数据

在侧视图的下方有一条较粗的黑线，这条线就是车身高度的基准线（面）。线的下方从A至R的字母标注，表示车身测量点的名称，每个字母表示的测量点一般在俯视图上部显示两个左右对称的测量点。俯视图上每个点到高度基准线都有数据表示，这些数据就是测量点的高度值。

3. 长度数据

在高度基准线的字母K和O的下方各有一个小的黑色三角，表示K和O是长度方向的零点。从 K 点向上有一条线延伸至俯视图，在虚线的下方位置可以看出汽车前部每个测量点到 K 点的长度数据显示。从 O 点向上有一条线延伸至俯视图，在虚线的下方位置可以看出汽车后部每个测量点到 O 点的长度数据显示。长度基准点有两个，K 点是车身前部测量点的长度基准，O 点是车身后部测量点的长度基准。

例如要找 A 点的长、宽、高的尺寸，首先要在图中找出 A 测量点在俯视图和侧视图上的表示位置，从俯视图中可以找出左右 A 点之间的距离是 520mm，A 点至中心线的宽度值是前述距离的一半 260mm。从侧视图的高度基准线可以找出 A 点的高度值为 237mm。从 A 点和 K 点的向上延伸线可以找出长度值为 1410mm。

使用这种数据图配合测量系统进行测量时，首先要把测量系统的宽度基准调整到与车辆的宽度基准一致或平行，然后调整车辆的高度，让车辆的高度基准与测量系统的高度基准平行，长度基准就在车身下部的基准孔位置。找到基准后，可以使用各种测量头对车身进行三维测量。

图 1-8 为一旅行客车车架的定位参数，测量时，可根据选取相应基准点进行测量，测量数值参照表 1-1 中对应基准点名称及数值。

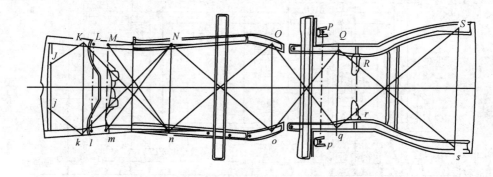

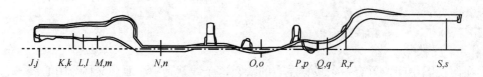

图 1-8　旅行客车车架的定位参数示例

无论是承载式车身还是非承载式车身的车架，其定位基准和测量参数存在着密切的关联性（见表 1-1）。这种数据链关系一方面说明车身定位参数的变化"牵一发而动全身"，在一定程度上增加了校正与测量的复杂性；另一方面还说明即使较为严重的机械损伤，也可以利用目标参数来实现对车身、车架的校正与修复。按车身定位尺寸图体现的基准目标，既可以满足设计要求，又可以保证测量结果的可靠性、重现性。

以图纸规定为基准的参数法在车身测量中，其定向位置要求用点与点之间的距离来体现；其对称性要求用模拟轴线（或点）与实际对称轴（或点）的相对位置来体现。

车架的定位参数名称及数值　　　　　　　　　表1-1

测定方向	车架测定部位	参数示例（mm）	测定方向	车架测定部位	参数示例（mm）
车架长度方向上的测量	M-N；m-n	582	车架对角线长度的测量	J-K；j-k	352
	N-O；n-o	891		K-N；k-n	1114
	O-Q；o-q	585		M-N；m-n	960
	Q-S；q-s	1082		N-O；n-o	1180
车架高度方向上的测量点与基准水平线的高度差	J-j	66	车架对角线长度的测量	O-Q；o-q	939
	K-k	106		Q-S；q-s	1379
	L-l	90	车架宽度方向上的测量	K-k	780
	M-m	90		L-l	778
	N-n	-25		M-m	761
	O-o	-32		N-n	765
	P-p	5		O-o	782
	Q-q	12		P-p	892
	R-r	150		Q-q	690
	S-s	244		R-r	490
				S-s	1060

（四）利用杆规、钢卷尺测量车身重要控制尺寸

1. 测量工具

对车身整体变形的测量，是依赖计量器具采集相关的技术数据，用以判定车身构件及其与基准之间的相对位置。从而以实际测得的状态参数为依据，所进行的数值分析、比较，旨在找出相对位置的变化规律，进而对变形状况做出进一步的诊断。

钢卷尺、专用测距尺是常用的测量工具等。钢卷尺的使用方法简便、易行，但测量精度低、误差大，仅适用于那些要求不高的场合，如图1-9a）所示。尤其是当测量点之间不在同一平面或其间有障碍时，就很难用钢卷尺测量两点间的直线距离。使用图1-9b）所示的专用测距尺，可以根据不同位置将端头探入测量点，应用起来显得十分灵活、方便。

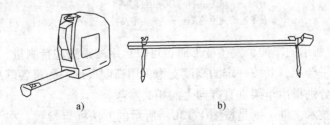

图1-9　测距法常用量具
a) 钢卷尺；b) 专用测距尺

2. 测量方法

1）测距法

测距法可以直接获得定向位置点与点的距离，是最简单、实用的一种测量方法，它主要通过测距来体现车身构件之间的位置状态。

用钢卷尺测量孔的中心距时，可从孔的边缘起测量，以便于读数，如图 1-10a）所示。但应注意：当两孔的直径相等且孔变形为忽略不计的程度时，可以孔的边缘间距代替中心距，即 $A=B$，如图 1-10b）所示；但当两孔的直径不同时，如图 1-10c）所示，中心距 $A=B+(R-r)$ 或 $A=C-(R-r)$。

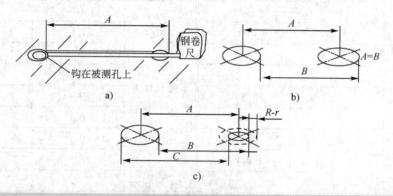

图 1-10　用钢卷尺测距
a）钩在孔边上测量；b）当孔径相等时；c）当孔径不等时

测距尺的测头为锥形结构，按图 1-11a）所示的方法使用，可以模拟测量孔的中心线，即使两个被测量的孔径不等也不受影响。属于图 1-11b）所示的情形时，也可以比照前述方法从孔的边缘起测量。

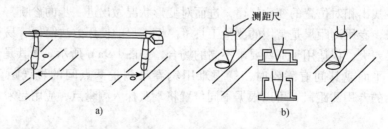

图 1-11　用测距尺测量
a）模拟两孔间的中心距；b）测头触及孔底或孔径过大时

对于图 1-12 所示的车架，发生变形时也可以运用测距法进行测量，如图 1-12a）所示。将车架置于平台上，并按一定的高度支稳，用高度尺逐一测量各基准点与平台的垂直距离，就可以分别得出车架垂直方向上的相关参数。

有些图纸或技术文件，则是按图 1-12b）所示的方法标定参数。在没有专用测量架的条件下，也可使用测距法来测量，但要先利用三角函数法或勾股定理进行相应的计算。

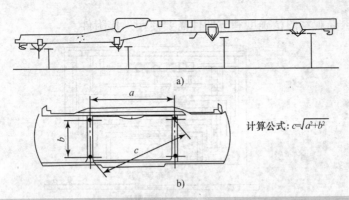

图 1-12 测距法测量
a) 车架垂直方向上的测量；b) 水箱支架的测量

2）对比法

对比法是以相同汽车车身的位置参数或根据汽车对称性，以相对应位置参数作为基准目标。当然，所选择的车身应完全符合技术文件规定要求的状况，必要时还可以通过增选台数、多测量几次来提高目标基准的精确性。运用对比法确定测量基准时，应注意以下两个问题。

(1) 数据的选取。

由于对比法需要操作者视情量取有关数据，选择哪些测量点和数据链作为车身定位参数的基准目标，也是一个值得研究的问题。对此，应遵循的原则是：

①利用车身壳体或车架上已有的基准孔，找出所需的定位参数值。

②以基础零件和主要总成在车身上的正确装配位置为依据。

③比照其他同类型车身图中的标示方法，来确定基准参数的量取方案。

(2) 误差的控制。

对比法测量的可靠性较差。这就要求应尽可能将测量误差限制在最小，以防止因累计误差的增加而影响质量。其对策措施是：

①选择便于使用的测量器具（如测距尺）。

②不能以损伤的基准孔作为测量依据。

③同一参数值应尽量避免接续，最好是一次性量得。

（五）利用定中规法测量车身底部变形

1. 测量工具

碰撞破坏经常出现在控制点。在冲击力作用下，通常两个车架边梁同时出现变形。但当车辆侧面撞击时，可能只有直接撞击边梁出现变形。当控制点处没有横梁时，这些点可称作区域，例如前围板区域和后车门区域。把定中规放在控制点上，测量车身底部的尺寸，可以诊断车身或车架的破坏程度。

定中规都是一个自定心单元，如图 1-13 所示，每个测量腿的端部上各有一个可滑动的销子，这样可以很方便地与车架边梁的内外侧相接触，无论边梁是箱形结构还是槽形结构。在某些类型的车架上，可以采用磁性体固定仪器，因为有些孔和卷边是接触不到的。有时为提高观察的精确度和方便性需要使用外接附件。

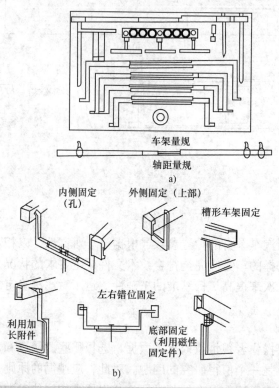

图 1-13 定中规
a)测量工具及定中规；b)定中规的使用方法

2. 测量方法

车身的许多变形尤其是综合性变形，用测距法测量往往体现得不十分明显，所反映出的问题也不够直观。如图 1-14 所示，当车身或车架与汽车纵轴线的对称度发生变化时，就很难用测距法对变形做出准确的诊断。

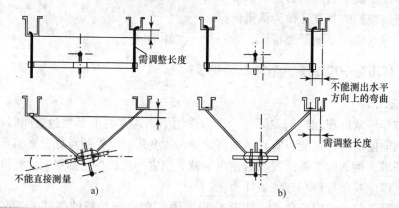

图 1-14 定中规悬挂点的对称性调整
a)垂直方向上的差别；b)水平方向上的差别

如果使用定中规法，就可以比较好地解决这类测量问题。但使用中应注意区别具体情况，有针对性地做好对称性调整。否则，也会影响测量的准确性。

将图 1-15a) 所示的定中规挂于车架的基准孔上，通过检查：①定中销是否处于同一条轴线上；②定中规的尺面是否相互平行。由此就可以十分容易地判断车架是否有弯曲、翘曲或扭曲变形，如图 1-15b) 所示。

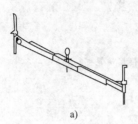
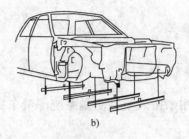

a)　　　　　　　　　　　　　b)

图 1-15　车身底部变形的检查
a) 平行杆式定中规；b) 吊挂方法

将图 1-16a) 所示的定中规挂于车身壳体骨架的基准孔上，通过检查：①定中销、垂链及平行尺是否平行；②定中销是否处于同一条轴线上。由此就可以十分容易地对骨架变形做出相应的判断，如图 1-16b) 所示。

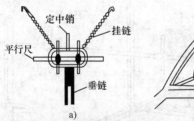
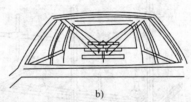

a)　　　　　　　　　　　　　b)

图 1-16　骨架立柱变形的检查
a) 吊链式定中规；b) 吊挂方法

应当指出，欲对垂直方向上的弯曲做出精确判断时，应保证定中规的吊杆长度符合要求。也就是说，当其中一个定中规的高度确定后，应以参数表规定的数据为准，对其他定中规吊杆的长度，按高低差做增减调整，使悬挂高度符合标准，如图 1-17 所示。

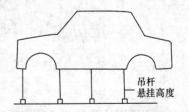

图 1-17　吊杆长度应按车身参数调整

用定中规法测量从理论上讲是精确的，但如果操作不当却很容易造成误差，甚至造成测量结果的严重失真。为此，应特别注意对定中规挂点的选择。一般应以基准孔为挂点的优选对象，并注意检查基准孔有无变形等（图 1-18）；当左右基准孔的高度不一或为非对称结构时（图 1-14），一定要通过调整定中销的位置或吊杆（吊链）的长度加以补偿，其调整值应以车身尺寸图中提供的数据为准。

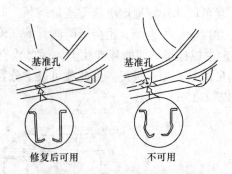

图1-18 定中规悬挂点的变形状况

(六)利用米桥式机械测量系统测量车身尺寸

1. 测量工具

米桥式测量系统适用于对车身壳体表面的测量。通常情况下,测量像轿车那样的多曲面外形,其检测工作的难度会很大。如果使用图1-19所示的米桥式测量架,就可以比较容易地进行测量。米桥式测量架由导轨、移动式测量柱、测量杆和测量针等组成。米桥式测量架也叫轨道式测量仪或通用米桥式机械测量系统,用于测量车身和车架,以便精确地确定损坏。

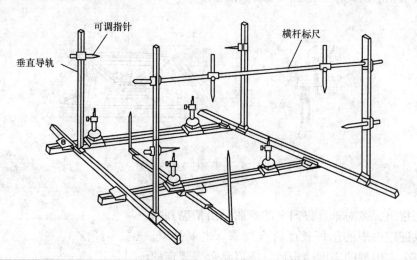

图1-19 米桥式测量架

2. 测量方法

使用轨道式测量仪进行测量时,应采用生产厂家的车架和车身结构尺寸,根据车身的对称性,可测量相互对称的部位,从而可准确地判定车身的损伤情况;在校正过程中,可控制损伤部位的校正,以便准确地使车身结构恢复到原来的形状。测量过程中,可以根据需要调整其与车身的相对位置,使测量针在接触到车身表面的同时,还能够直接从导轨、立柱、测杆及测量针上读出所对应的测量值。

坐标法的测量原理并不复杂,它是利用车身构件的对称性原则,用测量架采集被测

点上 X、Y、Z 三个方向的数据，如图 1-20 所示，通过用一组平行于 XZ 平面的平行平面截取被测件型面，交线即为所在面的曲线。同理，也可用平行于 YZ 平面的一组平行面测得等距 X 间隔的各截面曲线。将两组测得的曲线组合，即可获得该构件曲面型线的坐标参数，圆滑连接便可形成该构件表面型线的实样测绘图。通过对测量结果对比、分析，车身构件的外观形态就可大致体现出来了。

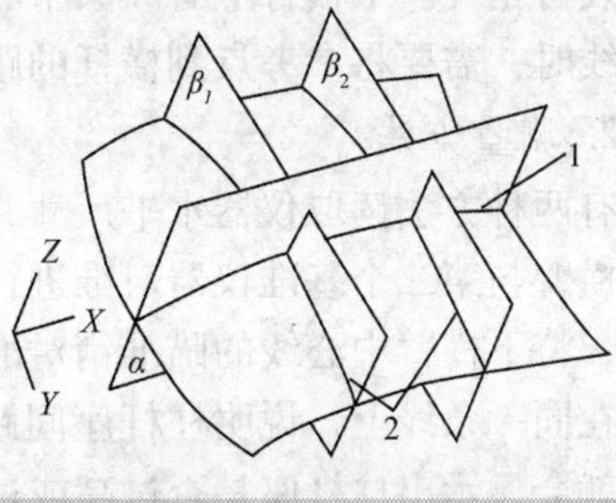

图 1-20 坐标法的测量原理
α-平行于 XZ 平面；β_1、β_2-平行于 YZ 平面；
1-α 截面交线；2-β 截面交线

（七）利用麦弗逊撑杆式测量仪测量车身前部变形

1. 测量工具

许多车辆均采用麦弗逊式悬架。为了检查车辆前部零部件的中心线和位置，通常采用撑杆式自定心测量仪，它能够非常精确地测量滑柱座位置和其他前部零部件的位置，如图 1-21a）所示。

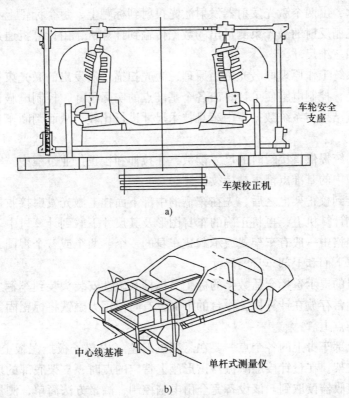

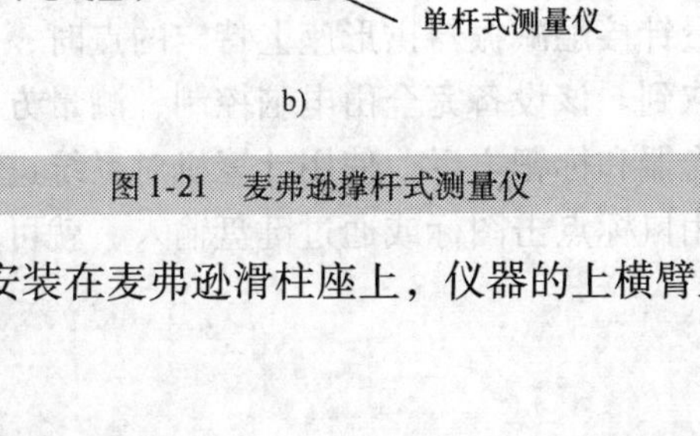

图 1-21 麦弗逊撑杆式测量仪

撑杆式自定心测量仪安装在麦弗逊滑柱座上，仪器的上横臂上有两个活动卡箍。卡箍上装有指针。下横臂上有一条中心线，通过吊规来调整水平高度和基准高度。当设定基准线时，需要将参考点到横杆的距离加到给定的尺寸上，如图1-21b)所示。

2. 测量方法

有两种方法读取仪器水平尺寸，即通过将上表盘横杆与前围板区域对准进行读数和将下横臂与第二个基准仪器对准进行读数。测量宽度尺寸时，将仪器安装在上横臂和轨道上，将下横臂中心线的瞄准销对准第二和第三号仪器的中心瞄准销。如果所有的瞄准销都在同一条线上，说明柱杆座间距正确，中心位置也正确，如果基准测量设置正确，仪器就会显示出柱杆座是否过高或过低。该测量仪还可以用来测量检查其他零部件。

（八）利用电子测量系统测量车身底部尺寸

1. 测量工具

1) 激光测量系统

激光测量系统是先进的测量设备，测量准确、精度高，并能够智能调整，以补偿测量误差。其系统组成主要包括：主机柜（即控制电脑）、激光扫描仪及其支架、不同标号的靶牌、靶牌连接件等。激光测量系统使用光束、反射靶，一个激光发射接收器和一台计算机来加快和简化损伤分析。现代计算机激光测量系统操作方便且非常精确，它采用激光测量技术，由两个激光发射器发射激光投射到标靶上，每个标靶上有不同的反射光栅，将通过光栅反射的激光束测量出的数据传输到计算机，由计算机通过计算可以得出测量点的空间三维尺寸。

激光测量系统工作原理即激光测距原理，激光扫描仪所发出的激光束扫到悬挂在基准点上的靶牌上，控制电脑便可计算出各个基准点的实际尺寸，控制电脑识别不同位置靶牌，并将测量结果与系统数据库中车身技术尺寸进行比较，从而判断车身的损伤变形情况。

激光测量系统提供直接瞬时的尺寸读数，在拉伸和校正作业过程中，车辆的损伤区域和未损伤区域中的基准点都可被持续监测。

在将车辆装到校正架上之后，先在车辆的中部下面挂上激光发射接收器，然后将激光器的电缆接到计算机上，再将正确的车身图形及其尺寸下载到计算机中。

尺寸图和表格中一般有车架式或承载式车身的一个、两个或三个视图，一些图表还给出了发动机罩下面和上部车身的尺寸。

按照计算机的提示选择合适数字的标靶、标杆和磁性安装头装到车辆上。标靶和安装的金属器件通常存放在计算机工作台的下面，有时使用大磁铁将标靶固定在指定的位置或车辆的基准点上。

为了测量上部车身上的各个点，要在悬架拱形座（内翼子板挡泥板上冲压成形的）安装一个专用支架。在量针接触减振器拱形座上特定的点时，支架底部的反射激靶就可以被激光发射接收器读取到。该设备完全由电脑控制，测量方法简单，测量结果准确。

在车辆上安装好激光器和标靶之后，使用计算机对系统进行标定，然后再读取车辆的尺寸。通过触摸屏或用鼠标点击图标或通过键盘输入，就可以完成对结构损伤的精确测量。

该设备受风速影响较大,因此,只能在室内、无风条件下使用。

2)超声波测量系统

(1)超声波测量系统的原理。

该系统采用超声波测量技术,在每个测量点上都安装有超声波传感器,发送超声波,横梁上装有高频麦克风接收超声波,由于声音是以等速传播的,从而可以快速精确地测量声波在车辆上不同基准点之间传播所用的时间。计算机则可根据每个接收器接收的数据自动计算出每个测量点的三维数据,如图1-22所示。

图1-22 超声波测量系统

(2)超声波测量系统的组成。

超声波测量系统如图1-23所示,主要包括:用于产生超声波的发射器;用于检测发射器发出的超声波的接收装置;用于操作系统和储存修理数据的个人计算机;用来把超声波发射器连接到车身上的各种转接适配器(如图1-24所示)。

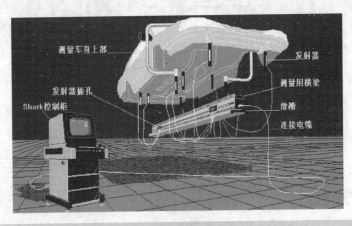

图1-23 超声波测量系统组成

图1-24 超声波发射器转接适配器

2. 测量方法

超声波测量系统的操作相对简单，使用方便，可用快捷键来操作。具体操作步骤和含义如下：

（1）进入系统界面，选择语言的种类，为了方便各国的使用者，系统内安装了包括汉语在内的主要语言的选择。

（2）记录用户信息，包括车辆的信息和车主的信息，这些信息可以和后面测量的结果一并存储。

（3）根据事故车的类型，选择汽车公司、汽车品牌、生产年代，从系统内调出符合的车型数据图，如图1-25所示。

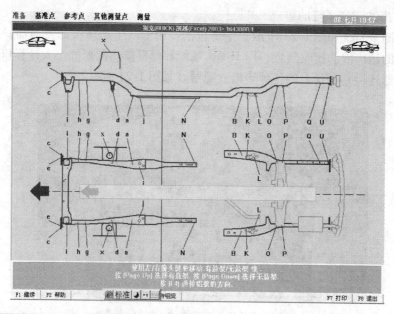

图1-25 测量用车身的车型数据图

（4）使用超声波测量系统，大大简化了操作过程，由于每个超声波发射器有两个发射器，接收装置也有多个，系统可以自动计算出宽度和高度的基准，不用人工调整。根据车辆的损坏情况选择长度基准，汽车前端发生碰撞，则选择后面的基准点作为长度基准，若汽车的后端发生碰撞，则选择前面的基准点作为长度基准。如果中部发生碰撞，则要对中部进行整修，直到中部四个基准点有三个尺寸恢复。图1-26和图1-27所示为测量基准点及参考点的选取。

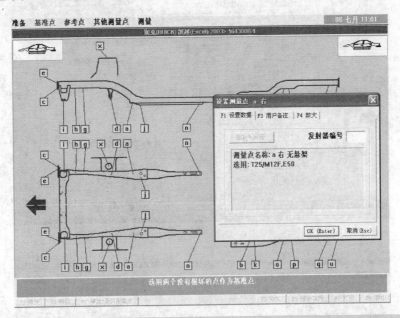

图1-26 测量基准点选择

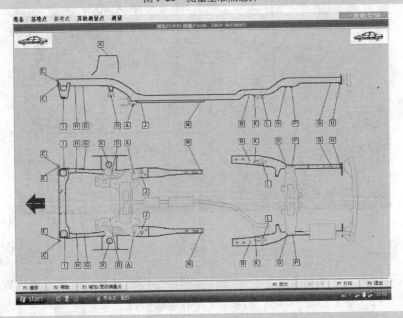

图1-27 测量参考的选择

(5)根据车身的损坏情况,选择车身上需要测量的点。按照计算机的提示选择合适的传感器连接杆和适配器,如图1-28所示。

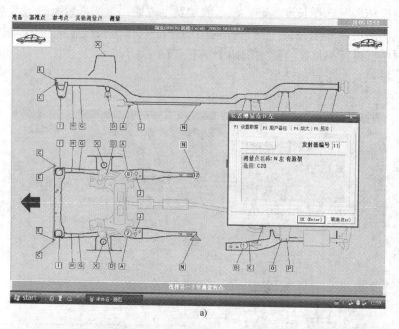

a)

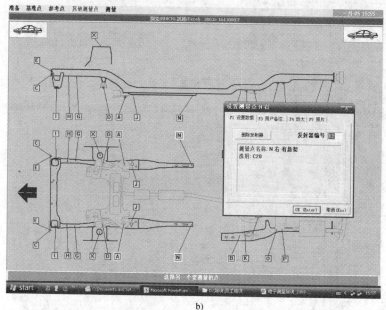

b)

图1-28 测量点选择

计算机可以显示被测量点在车身上的位置图像,当传感器的连接线连接到测量横梁上选定的接口后,计算机便显示传感器与车身的连接情况。

(6)选择测量模式。计算机会自动地把测量的结果、标准数值和两者差值显示出来，如图1-29所示。

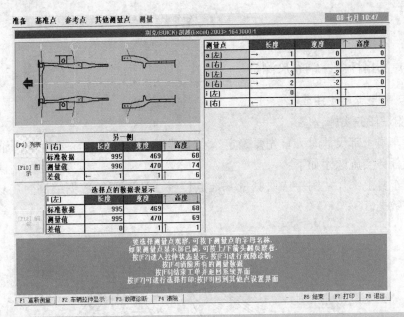

图1-29 测量结果

（7）在拉伸校正过程中，一次可以测量多个测量点，可对几个点同时进行监控。选择持续测量实时监控模式后，系统会自动每隔很短时间发射一次超声波进行测量，并把最新的测量结果在显示器上实时刷新，从而在校正过程中，能使修理工能很直观地看到车身尺寸的变化情况。

（8）系统可以同时监控多达12个测量控制点，可以实时监控测量数据的变化。测量过程中，测量传感器不会相互干扰，系统每隔1~2s会自动重新测量一次，从而把环境的影响减小到最小。测量过程中不用进行调节水平等操作，计算机可以自动找正，而且不会因为发射器接收器的位置移动而改变数据。可以完成车辆碰撞修理前的预检测量、修理中的测量监控、修复后的数据存储打印等工作。

二、任务实施

(一) 利用杆规、钢卷尺测量

1. 车身上部尺寸测量

1) 测量任务实施程序

测量车身上部尺寸时,首先要确定车身上部哪些位置尺寸需要测量,如图1-30所示,测量任务实施顺序如下:

查阅车身上部尺寸图→选取测量基准点位置→读取原始数据→测量→读取测量数据→记录数据。

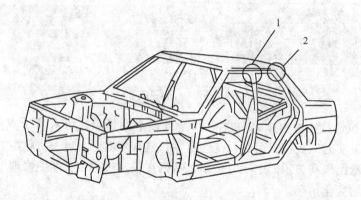

图1-30 车身上部需测量部位
1-零部件之间的连接点;2-棱角和边缘

2) 测量前准备

(1) 车辆准备。

① 彻底清洗车身外表。

② 选用中性汽车清洁剂清洗车辆。

③ 车辆清洗后需完全干燥。

(2) 测量工具。

测量车身上部尺寸使用的工具是杆规和钢卷尺。使用前认真检查工具,确认工具完好,如不符合要求,应调整工具。

(3) 注意事项。

车辆清洗应彻底,并完全干燥;测量人员不得携带、佩戴钥匙等尖锐物件,以免划伤车漆。

3) 测量操作

根据车身上部尺寸图(其上部列有许多车身上部基准点的位置尺寸),选取如图1-31所示车身上部基准点,使用钢卷尺和杆规进行测量,读取并记录测量数据,测量数据结果应包含一位估计值,各小组分别、反复测量后,统计各组的测量数据,分析误差产生原因。

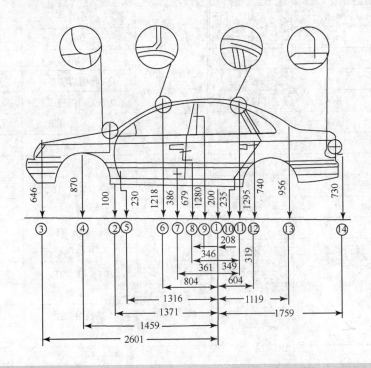

图 1-31 某车身上部尺寸的测量

2. 车身前段尺寸测量

1)测量任务实施程序

测量车身前段(即发动机舱尺寸)时,首先要根据车身前段尺寸图确定发动机舱的位置尺寸,如图 1-32 所示,表 1-2 为某轿车发动机舱的尺寸参数。

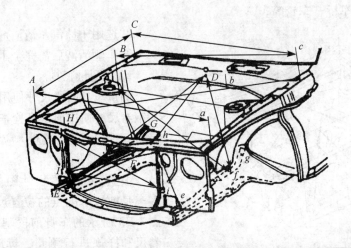

图 1-32 某承载式前车身定位参数

某轿车前车身的定位参数名称及数值　　　　　　　表1-2

测定方向	测定部位	参数示例（mm）	测定方向	测定部位	参数示例（mm）
发动机舱长度方向上的测量	A-C	901	发动机舱高度方向上的测量	D-G	561
	a-c	901		D-g	561
	B-C	454		D-E（四门轿车）	978
	b-c	454		D-e（两门轿车）	980
发动机舱宽度方向上的测量	A-a	1256		D-F（四门轿车）	652
	B-b	901		D-f（两门轿车）	653
	C-c	1284	水箱支架宽度方向上的测量	H-E（KE系列）	287
发动机舱对角线的测量	A-c	1557		h-e（TE、AE系列）	297
	a-C	1557		H-h（KE、TE、AE系列）	762
	B-c	1168			538
	b-C	1168		I-i（KE、TE、AE系列）	758
	B-f	921			538
	b-F	921	水箱支架对角线的测量	H-i（KE、TE、AE系列）	779
					580
				I-h（KE、TE、AE系列）	783
					580

测量任务实施顺序如下：

查阅车身前段尺寸图→选取测量基准点位置→读取原始数据→测量→读取测量数据→记录数据。

2）测量前准备

（1）车辆准备。

①测量所用车辆为一承载式轿车车身壳体，即不带有其他任何总成及附件，如发动机、变速器、车桥、车轮等。

②选用中性汽车清洁剂清洗车辆。

③车辆清洗后需完全干燥。

（2）测量工具。

测量车身前段尺寸使用的工具是杆规和钢卷尺。使用前认真检查工具，确认工具完好，如不符合要求，应调整工具。

3）测量操作

根据车身前段尺寸图（其上列有许多车身前段基准点的位置尺寸），选取如图1-33所示的车身前段基准点，使用钢卷尺和杆规进行测量，读取并记录测量数据，测量数据结果应包含一位估计值，

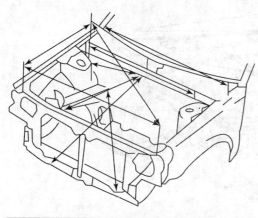

图1-33　车身前段尺寸的测量

各小组分别、反复测量后,统计各组的测量数据,分析误差产生原因。

3. 车身侧围尺寸测量

1) 测量任务实施程序

测量任务实施顺序如下:

查阅车身侧围尺寸图→选取测量基准点位置→读取原始数据→测量→读取测量数据→记录数据。

2) 测量前准备

(1) 车辆准备。

①测量所用车辆为一承载式轿车车身壳体,应拆除座椅及内饰件等。

②选用中性汽车清洁剂清洗车辆。

③车辆清洗后需完全干燥。

(2) 测量工具。

测量车身侧围尺寸使用的工具是杆规和钢卷尺。使用前认真检查工具,确认工具完好,如不符合要求,应调整工具。

3) 测量操作

根据车身侧围尺寸图,选取车身侧围基准点,使用钢卷尺和杆规进行测量,读取并记录测量数据,测量数据结果应包含一位估计值,各小组分别、反复测量后,统计各组的测量数据,分析误差产生原因。

车身侧围的测量如图1-34所示。通过观察车门在打开和关闭时的外观及不正常现象,可以判断车身侧围结构是否变形。对于某些变形部位,还应注意可能会漏水,因此必须进行精确的测量。

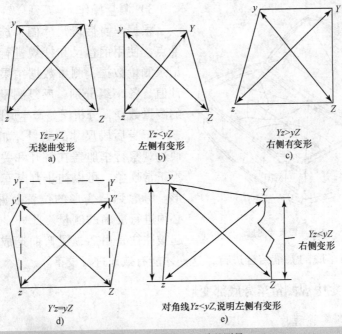

图1-34 车身侧围尺寸的测量

用杆规、钢卷尺来测量车身的侧围结构。利用车身的左右对称性，通过测量对角线可以进行挠曲变形的诊断。这种测量方法适用于下述情况：没有发动机舱和车厢底部的尺寸，车身尺寸图表上没有适用的数据，或因翻车而造成了车身的严重损伤，如图1-34a）所示；对角线比较测量法并不适用于车身左右两侧都发生损伤变形情况下的检查，也不适用于扭曲的情况，因为这时测不出左右对角线的差异，如图1-34b）和图1-34c）所示；如果左右两侧的变形一样，那么左右两侧对角线的差异并不明显，如图1-34d）所示；测量并比较左右长度，可以更清楚地知道损伤状况，这种方法适用于左右侧对称的部位，如图1-34e）所示。

4. 车身后段尺寸测量

1）测量任务实施程序

测量任务实施顺序如下：

查阅车身后段尺寸图→选取测量基准点位置→读取原始数据→测量→读取测量数据→记录数据。

2）测量前准备

（1）车辆准备。

①测量所用车辆为一承载式轿车车身壳体。

②选用中性汽车清洁剂清洗车辆。

③车辆清洗后需完全干燥。

（2）测量工具。

测量车身后段尺寸使用的工具是杆规和钢卷尺。使用前认真检查工具，确认工具完好，如不符合要求，应调整工具。

3）测量操作

根据车身后段尺寸图，选取车身后段基准点，使用钢卷尺和杆规进行测量，读取并记录测量数据，测量数据结果应包含一位估计值，各小组分别、反复测量后，统计各组的测量数据，分析误差产生原因。

车身后段尺寸的测量，如图1-35所示。通过观察行李舱盖在打开和关闭时的外观及不正常现象，可以初步判断车身后段是否变形。考虑到其变形的位置及漏水的可能性，必须进行准确的测量。此外，行李舱地板的起皱往往是由后纵梁弯曲造成的，因而车身

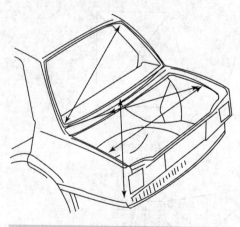

图1-35 车身后段尺寸测量

后段的测量应与车底的测量结合进行，这样才能有效地进行校正。

（二）利用定中规测量车身底部变形

1. 测量任务实施程序

测量任务实施顺序如下：

查阅车身尺寸图→确定测量的控制点位置→选择测量工具并安装调试→测量→观察并分析测量结果。

2. 测量前准备

1）车辆准备

（1）选用中性汽车清洁剂清洗车辆。

（2）车辆清洗后需完全干燥。

（3）将车辆开上车身维修校正平台，拉起驻车制动。

2）测量工具

测量车身底部尺寸使用的工具是定中规。使用前认真检查工具，确认工具完好，如不符合要求，应调整工具。

3. 测量操作

使用定中规诊断车身变形，自有其规律可循。如：当定中销发生左右方向的偏离时，可以判断为水平方向上的弯曲；当定中规的尺面出现不平行时，可以判断为扭曲变形；当尺面的高低位置发生错落时，则可以诊断为垂直方向上的弯曲，如图1-36所示。

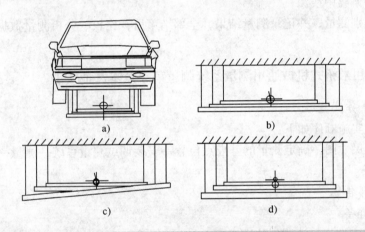

图1-36 变形的评价方法

a) 正常；b) 水平方向上有弯曲；c) 扭曲；d) 垂直方向上有弯曲

根据车身尺寸图，选取车身控制点，将定中规悬挂在控制点位置，观察定中销位置，从而判断车身损伤变形情况。各小组分别、反复测量后，比对测量结果，并分析误差产生原因。

1）扭曲变形

车身扭曲变形是最后出现的变形，应首先进行检测。扭曲是车身的一种总体变形，所以只能在车身中段测量，因为在前段或后段的其他变形会导致扭曲变形的测量数据不准确。为了检测扭曲变形，必须悬挂两个定中规，也称作2号（前中）和3号（后中）规。2号规应尽量靠近车体中段前端，而3号规应尽量靠近车体中段的后端。然后相对于3号规观测2号规，如果两规平行，则说明没有扭曲变形，否则说明可能有扭曲变形。

当中段内的两个基准规不平行时,需要再挂一个量规。应在未出现损伤变形的车身段上,把1号或4号(后)定中规挂上。当存在真正的扭曲变形时,各量规将呈现出如图1-36c)所示的情形。

2) 下陷变形

下陷变形是指前围部位发生低于正常位置的一种变形。检测下陷变形需要使用三个定中规。第一个放在前横梁处,第二个放在前围处,第三个放在后轮轴处。如果三个定中规互相平行,而且对中,但中间一个位置较低,说明前围附近有下陷变形,如图1-36d)所示。

3) 侧倾变形

当车身前段、中段或后段发生侧向变形时,就存在侧倾变形。如图1-36b)所示,检测侧倾变形需要使用3个定中规。如果碰撞发生在车身前部,则应以位于前围处的2号规和后桥处的3号规为基准规,而把1号定中规悬挂在前横梁处。如果1号规的定中销与其他两规的定中销不在一条直线上,则说明有前部侧倾变形,否则没有侧倾变形;如果车身后部被撞,则定中规所显示出的变形状况与前部侧倾变形相似,只是后部定中规上的定中销偏离中线。

各小组分别测量,并记录测量结果,全部结束后,比较、分析测量数据,找出误差原因。

(三) 利用米桥式机械通用测量系统测量车身壳体表面尺寸

1. 测量任务实施程序

测量任务实施顺序如下:

查阅车身尺寸图→确定测量的基准点位置→安装调试测量系统→测量→读取并记录测量数据。

2. 测量前准备

1) 车辆准备

(1) 选用中性汽车清洁剂清洗车辆。

(2) 车辆清洗后需完全干燥。

(3) 将车辆开上车身维修校正平台,拉起驻车制动。

2) 测量工具

测量车身壳体表面尺寸使用的是米桥式机械通用测量系统。使用前认真检查工具,确认工具完好,测量前应对测量系统进行定位、安装,安装时必须保证系统导轨中心线与车身中心线重合。

3. 测量操作

在车身校正维修平台上进行测量操作。安装米桥式测量架时,应根据车身尺寸图,确定车身中心线,保证系统导轨中心线与车身中心线完全重合。测量时,根据车身尺寸图,选取车身对称位置的基准点,移动测量杆、测量针,当一侧测量杆上的测量针轻轻接触到车身表面即可,此时应停止移动测量针,否则会划伤车漆。读取测量结果,并记录。再测量另外一侧对应位置的尺寸数据。各小组分别进行测量,并测量车身前、中、后壳体表面尺寸，记录测量数据。全部结束后，比较、分析测量数据，找出误差原因。

（四）利用麦弗逊撑杆式测量仪测量滑柱座位置尺寸

1. 测量任务实施程序

测量任务实施顺序如下：

查阅车身尺寸图→确定测量的控制点位置→选择测量工具并安装调试→测量→观察并分析测量结果。

2. 测量前准备

1）车辆准备

（1）选用中性汽车清洁剂清洗车辆。

（2）车辆清洗后需完全干燥。

（3）将车辆开上车身维修校正平台，拉起驻车制动。

2）测量工具

测量滑柱座位置尺寸使用的工具是麦弗逊撑杆式测量仪。使用前认真检查工具，确认工具完好，如不符合要求，应调整工具。

3. 测量操作

将撑杆式自定心测量仪安装在麦弗逊滑柱座上，通过吊规来调整水平高度和基准高度。

通过将上表盘横杆与前围板区域瞄准和将下横臂与第二个基准仪器瞄准读取仪器水平尺寸。测量宽度尺寸时，将仪器安装在上横臂和轨道上，将下横臂中心线的瞄准销瞄准第二和第三号仪器的中心瞄准销。

各小组分别测量，并记录测量结果，全部结束后，比较、分析测量数据，找出误差原因。

（五）利用电子测量系统测量车身底盘尺寸

1. 测量任务实施程序

测量任务实施顺序如下：

确定待测量车辆信息并举升车辆→安放测量横梁→系统连接→进入主程序→选择测量模式→测量操作→观察记录测量结果。

2. 测量前准备

1）车辆准备

（1）选用中性汽车清洁剂清洗车辆。

（2）车辆清洗后需完全干燥。

（3）将车辆举升到一定高度，将测量横梁安放到车身下部，要求车身下部的最低点距离横梁下平面在 30~40cm 之间，并且将测量横梁的前方与车辆前方一致，横梁支架要牢固，车辆举升位置稳定。

2）测量工具

测量车身底盘尺寸使用的设备是超声波测量系统。使用前认真检查设备，确认其完好。

测量横梁安放高度应与车辆举升的高度相协调，以保证超声波发射器发出的超声波能够被接收器所收到。

安装超声波发射器时，应选取正确的适配器并按照正确操作规程进行。

3. 测量操作

车辆举升后，安放好超声波接收器，打开控制电脑，进入系统程序，选择所测量车型相关信息，进入程序主页面。首先选择测量基准点，根据基准点信息，选择相应的发射器适配器，通过系统提供的位置图片信息，在车身底盘上找到基准点位置，安装超声波发射器；选取参考点并安装超声波发射器；选取测量点并安装超声波发射器；开始测量，如果基准点及参考点位置不符合要求，应先进行修复，而后再进行下一步测量。

选取某一轿车，对相同测量点，各小组分别、反复测量，并记录测量结果。全部结束后，比较、分析测量数据，找出产生误差的原因。

三、评价反馈

1. 自我评价

（1）通过本学习任务的学习，你是否已经掌握以下内容：

①车身测量有什么意义？

_____

_____。

②车身有哪些测量基准？

_____

_____。

③使用杆规、钢卷尺进行车身上部、前段、侧围及后段控制尺寸测量的程序是什么？

_____

_____。

④定中规测量车身底部尺寸的工作程序是什么？

_____

_____。

⑤如何正确检验车身或大梁是否发生扭曲、弯曲变形？

_____

_____。

⑥米桥式测量系统测量车身壳体表面尺寸的工作程序是什么？

_____

_____。

⑦如何正确测量车身壳体表面尺寸？

_____

_____。

⑧如何保证测量系统导轨与车身中心线重合？

_____

_____。

⑨撑杆式自定心测量仪测量滑柱座位置尺寸的工作程序是什么？
_____
_____
_____。

⑩如何正确测量滑柱座的位置尺寸？
_____
_____
_____。

⑪电子测量系统测量车身底盘尺寸的工作程序是什么？
_____
_____
_____。

⑫如何正确检验车身底盘是否发生损坏变形？
_____
_____
_____。

⑬测量时，基准点及参考点应如何选择？
_____
_____
_____。

⑭超声波测量系统测量的精度是多少，测量过程中应注意哪些问题？
_____
_____
_____。

（2）在测量过程中用到了哪些工具、采用哪种方法？你是否已经掌握了这些工具的正确操作技能？
_____
_____
_____。

（3）实训过程完成情况。
评价：_____
_____
_____。

（4）工作着装是否规范？
评价：_____
_____
_____。

(5) 能否积极主动参与工作现场的清洁和整理工作？

评价：_____

_____。

(6) 在完成本学习任务的过程中，你是否主动帮助过其他同学，并和其他同学探讨用不同工具或设备测量车身尺寸的有关问题？具体问题是什么？结果是什么？

_____

_____

_____。

(7) 通过本学习任务的学习，你认为自己在测量车身尺寸时，哪些方面还有待进一步改善、提高？

_____

_____。

签名：_____　　____年____月____日

2. 小组评价

小组评价见表1-3。

小组评价　　　　　　　　　　　　　　　　　　　表1-3

序号	评价项目	评价情况
1	学习态度是否积极主动	
2	是否服从教学安排	
3	是否达到全勤	
4	着装是否符合要求	
5	是否合理规范地使用仪器和设备	
6	是否按照安全和规范的规程操作	
7	是否遵守学习、实训场地的规章制度	
8	是否积极主动地和他人合作、探讨问题	
9	是否能保持学习、实训场地整洁	
10	团结协作情况	

参与评价的同学签名：_____　　____年____月____日

3. 教师评价

_____

_____。

教师签名：_____　　____年____月____日

学习任务 2　事故车车身检验

学习目标

1. 事故车到达修复车间后，能够通过与车主交谈、现场观察，了解事故车辆车型、基本尺寸、载重情况；判断碰撞时的车速与碰撞位置、碰撞力的方向和角度。
2. 能够运用受力分析知识确定力沿车身传递的路线，结合车辆的结构初步对车辆的损伤情况与变形趋势做出定性的判断。
3. 利用适当的车身测量设备对车身损伤做比较细致的测量和分析，确定车辆所受损伤的部位、变形程度等，完成对车辆损伤定量分析。

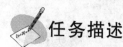

任务描述

对车身碰撞损伤进行判断和校正需要正确分析导致变形的主要因素，并由此确定损伤的类型以及严重程度，进而分析损伤的倾向以及对车身整体产生的影响和波及范围等，这些都是车身碰撞损伤诊断的主要任务。对车身的损伤进行正确的判定，是保证维修质量的关键；科学准确的碰撞损伤诊断是制订维修方案的依据，是保证维修质量的基础。

通过对不同的车型的不同损坏情况进行检验，力求做到：
1. 正确分析导致变形的主因素，确定损伤类型、分析损伤倾向；
2. 准确、快速、有步骤地对事故车辆进行损伤判断；
3. 科学的、正确地测量出车身损伤的变形量。

事故车车身检验的学习路径：

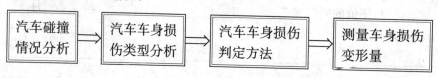

一、相关知识

由于碰撞而造成的车身板件或车身结构件的损伤，轻微的会影响车容的美观或引起锈蚀而造成构件的强度下降，使用寿命缩短；严重的会影响整部车辆的使用性能甚至使车辆报废。因此，正确判定损伤，及时且有效地进行修复对车辆的使用者和维修者来讲都是非常必要的。

对车身损伤进行准确的判定除了要求技术分析人员具备良好的素质和丰富的工作经验外，还需要遵循一定的程序：

第一步，应从车辆发生碰撞时的受力情况分析入手，确定出碰撞力的大小、方向、作用点和沿车身传递的路线，结合车辆结构的特点初步对车辆的损伤情况以及变形趋势做出定性的判断。

第二步，在定性判断的基础上利用适当的测量工具对车身损伤进行比较细致地测量和分析，确定车辆所受损伤的部位、变形程度等，完成对车辆损伤的初步定量分析。

第三步，为准确地确定车身损伤的变形量、需要维修或更换的部件，还需要对车辆的损伤部位进行精确的测量，精确测量的结果要以损伤报告的形式进行记录，为制订维修方案和进行维修费用估算作依据。

因此，了解碰撞对车身的损伤规律，准确地判定车身损伤状况将直接影响维修的合理性和经济性。

（一）汽车碰撞力及碰撞类型分析

尽管车辆碰撞事故造成的车身变形和损坏千变万化，不会有损伤情况完全相同的车辆，但由于车身结构的特点，车身在经受碰撞时的损伤还是有一定的规律可循的。掌握这个规律对车身维修，尤其是碰撞损伤的车身维修具有指导意义。车身碰撞损伤都是由外力引起的，掌握车辆碰撞受力的分析方法，再结合车身的结构特点对车身变形进行分析，会有事半功倍的作用。

车辆在经受碰撞后的损伤状况是非常复杂的，造成损伤的最根本原因是受力。只有对车辆在发生碰撞时的受力情况进行科学、正确的分析，才能准确地把握车辆的损伤形式、部位，确定具体损伤的产生原因，这一点不但对车辆损伤的判定具有重要的意义，对今后的修复工作同样也具有指导性的意义。

车辆在发生碰撞时的受力状况是非常复杂的，归纳起来主要有如下三种：

第一是直接碰撞部位所受到的撞击力，它是车辆碰撞损伤的主因。

第二是如果被撞击物体是非固定体，且其遭受撞击部位位于该物体质心的下方，则在撞击发生时该物体会被抛起，以下落的方式将车身砸伤。

第三是惯性力造成的损伤。惯性力造成的损伤主要表现在两个方面，一是车身上安装的较重总成部件、乘客、载货等，在发生碰撞时因惯性对车身造成冲击；二是车身本体由于惯性力的作用而发生弯曲、翘曲等变形。

1. 碰撞力分析

1) 直接碰撞力

汽车碰撞时所受力的大小与其运动状态、碰撞体的形式、碰撞持续的时间、碰撞后的运动状态等有很大的关系。在碰撞发生后可以根据动能守恒原理和作用力与反作用力原理，对主动碰撞车辆或被动碰撞车辆所受的撞击力进行大致的估算。下面以主动碰撞车辆为例进行讨论。

汽车行驶本身是积聚了一定能量的，当撞击发生时，运动能量会全部或部分转换成冲击能量，使车身构件在吸收这一能量的过程中产生变形。车辆在以一定的速度行驶时，其运动能量（W）的大小与车辆的总质量（m）和当时的运动速度（v）的平方成正比，即：

$$W = \frac{mv^2}{2}$$

式中：W——运动能量（J）；

　　　m——车辆的总质量（kg）；

　　　v——车辆行驶速度（m/s）。

由上式可以看出，一辆汽车，其总质量越大，行驶的速度越高，其积聚的运动能量也越大。在发生碰撞事故时，车辆以一定的速度行驶，这个速度称为初速度，以 $v_{初}$ 表示，由于碰撞使车速迅速降低，碰撞后的车速称为末速度，以 $v_{末}$ 表示，则在碰撞中转为冲击能量的动能为：

$$W = \frac{mv_{初}^2 - mv_{末}^2}{2}$$

式中：W——碰撞中转化为冲击能量的动能（J）；

　　　$v_{初}$——车辆初速度（m/s）；

　　　$v_{末}$——车辆末速度（m/s）；

　　　m——车辆总质量（kg）。

碰撞力的大小除与车辆所具备的动能有关外，还与碰撞持续的时间、被碰撞物体所具备的总质量和速度、发生碰撞后车辆的运动状态以及两相撞物体吸收动能的能力等因素有关。发生碰撞后其撞击力可由下式计算：

$$P = \frac{m(v_{初} - v_{末})}{t}$$

式中：P——发生碰撞后的撞击力（N）；

　　　t——相撞持续的时间（s）；

　　　m——车辆总质量（kg）；

　　　$v_{初}$——车辆初速度（m/s）；

　　　$v_{末}$——车辆末速度（m/s）。

由以上分析可知：

若车辆与固定刚性体（如建筑物等）发生碰撞，因固定刚性体的总质量可以设为无穷大，碰撞不会产生位移且吸收能量很小，所以车辆碰撞时的车速将在瞬间降为

零,则:

$$P = \frac{mv_{初}}{t}$$

式中 P、m、$v_{初}$、t 含义与上式相同。由于其碰撞能量将尽数为车辆本身所吸收,对车辆的损伤最大。

若车辆与非固定体(如运动或静止的车辆)相撞,需要具体情况具体分析。如果与相对运动的物体相撞(对撞),且碰撞后两物体的运动速度为零,则有:

$$P = \frac{(m_1v_1 + m_2v_2)}{t}$$

式中:m_1、m_2——相撞两物体的质量(kg);
v_1、v_2——碰撞时两物体的速度(m/s);
P——发生碰撞后的撞击力(N);
t——相撞持续的时间(s)。

可见碰撞力也非常大,对车辆的损伤会很严重;但与同向运动的物体发生碰撞(追尾)时,由于被追尾车辆获得一定的能量产生加速度,吸收了部分动能,追尾车辆也不会因碰撞而停止,还会以一定的速度行进,所以碰撞力将会很低,造成的影响不会像与固定刚性体碰撞那样的严重。所以,如果车辆以相同的条件行驶时,对撞对车辆的影响最大。

以上是以车辆正面碰撞为例做出的分析,车身从不同的结构角度上受到其他载荷的冲击时,也有如上所述的性质,可以仿此进行分析。

由于碰撞所造成的车身损伤程度,虽然主要取决于碰撞力,但车身着力点的状况也对车身损伤起决定性的作用。在其他条件等同时,如果车身以其一个平面与另外一个平面物体相撞,那么此时车身所受到的损伤将比车身以较小的端面与另一个非平面(如柱子、墙角等)物体相撞时的损伤小,如图2-1所示。

图2-1a) 所示为车辆与一堵墙正面相撞,因车辆正面面积较大且墙面平直,所以撞击力以均布载荷的形式作用于车身,总体作用力虽然很大,但由于平面均匀分配后对车身的影响减小很多;图2-1b) 所示为车辆与柱状体相撞,虽然其总体作用力与图2-1a) 的车辆相同,但由于力的作用面积小,所以引起的损伤比前者要严重得多。

应当说明的是,上述的分析是在假定车辆未采取任何减速措施的情况下进行讨论的,且

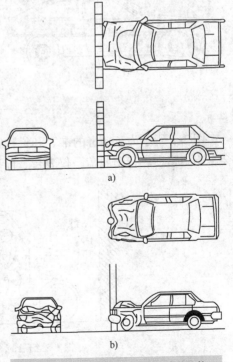

图2-1 相同碰撞力,不同碰撞点的比较
a) 对壁碰撞;b) 对柱碰撞

认为车辆的末速度也完全是由于碰撞力而造成的。但在实际事故发生时驾驶员往往会采取一定的制动和避让等措施，使车辆在碰撞时的运动速度已经降到了一个比较低的水平，其原来具备的较大的运动能量大部分会消耗在制动所造成的摩擦中，这样相撞时的运动能量就变得比较低了。碰撞发生后，车辆的运动末速度也会受制动的影响。另外，碰撞时被撞物体会获取能量而产生加速度，并可能有较大的变形而吸收了部分能量，加上碰撞持续的时间难以确定等因素，所以，上面的公式只可对碰撞力进行分析使用，并大致估算碰撞力的大小，并不能准确地计算车辆的实际受力，但这对车辆的损伤诊断已经足够了。

2）其他力的分析

车辆在碰撞时，直接碰撞力是主要因素，对车身的损伤也最大最直接，但由于碰撞而产生的其他力，如惯性力等也同样对车身造成巨大的影响，下面简单进行分析。

（1）惯性力。

车辆在行驶时具备一定的惯性力，车上搭载的发动机、变速器等总成以及车上的乘客、载重的货物等，与车辆一同行驶，也具备一定的惯性力。在碰撞发生时，除碰撞力对车身造成损伤外，车辆自身和负载由于惯性作用对车身同样具有冲击力，会造成二次冲击损伤，这种由惯性力对车身造成的损伤同样是非常严重的，在进行碰撞分析诊断时尤其不能忽视。

图2-2 车辆自身由于惯性力作用而变形

图2-2所示为发生碰撞时，车辆由于自身的惯性作用而造成的变形情况。汽车与一固定刚性体相撞，车速瞬间降为零，此时车身整体在惯性作用下有一个向前翻转的趋势，车身后部腾起，之后又重重跌落。车身某些强度薄弱的地方经受不住后部巨大的惯性转矩和跌落时的冲击会发生较大变形，车顶后部上翘，车辆后地板弯曲，后翼子板等均有不同程度的破坏。

图2-3所示为车辆上的乘客和货物在惯性作用下对车身产生的二次冲击。此类冲击会影响到车顶、行李舱盖、仪表台、前风窗玻璃、车内座椅、饰件等。

图2-3 车上成员和货物对车辆的二次冲击

除上述情况外，车载总成等也会由于惯性作用而对车身造成损伤。以前置发动机前轮驱动车辆为例，发动机总成与传动系统以一个整体固定于车身上，总质量几百千克。

如此之大的质量在与车辆一同高速行驶时积聚了很高的动能。当发生正面碰撞时，车身的速度很快下降，而这两个总成由于惯性仍然前冲，由此产生巨大的力会对支撑连接部位造成撕裂并发生位移，影响到整体的定位参数。

（2）下砸力。

这个力多来自于车辆与非固定物体的碰撞。车辆与一个非固定物体相撞时，如果被碰撞物体质量较小且质心较高，而车辆碰撞点位于该物体质心的下方，此时，被撞物体在惯性作用下会向车辆翻倒并可能滚过车身的整个上部，对车身的上部非直接撞击部位造成砸伤。如图2-4所示，车辆与一较高的非固定柱状物体相撞，车辆前部承受直接撞击，发动机舱盖在承受撞击力时已经发生较大的变形，当该被撞物体向车辆翻倒时，发动机舱盖又承受了第二次的下砸力，则其变形变得更加复杂。

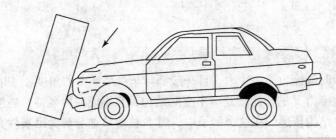

图2-4　二次碰撞（下砸力）的产生

3）力的合成与分解

理论和实践都证明，同时作用在物体上同一个点的两个力可以合成为一个力，在力学上称为"合力"。其中合力的作用点不变，其大小和作用方向（作用线）为以这两个已知的力为相邻边所作的平行四边形的对角线，该对角线的长度为合力的大小，对角线的方向为合力的作用方向，这个法则称为力的平行四边形法则。如图2-5所示，作用于物体上A点的两个已知力F_1和F_2的合力R，可以用向量式表示如下：

$$R = F_1 + F_2$$

即合力R等于分力F_1与F_2的向量和。

同理，应用力的平行四边形法则可以将作用于同一个点的多个力进行向量求和，也可以将一个力按照已知的方向分解为作用于同一点的两个或多个力。如图2-6a)所示，欲求作用力F沿物体边框方向作用的两个分力F_1和F_2的大小，只需以F为对角线，以已知的两条边的方向为平行四边形的两边做出平行四边形，则可得出沿边框方向作用的两个分力的大小。

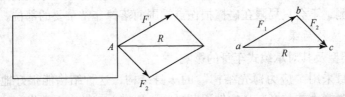

图2-5　力的合成

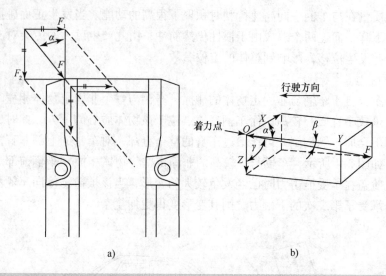

图 2-6 力的分解

汽车在碰撞时碰撞力为一个力,且一般都与车身呈一定的角度,如图 2-6b)所示。在这种情况下碰撞力 F 的作用线是一个空间结构,它不能向内延伸,碰撞力只有沿着车辆的板件或构件结构传递。在这个例子中,力 F 被简单地分解为沿板件方向传播的 3 个分力 X、Y、Z,即垂直分量 Z、水平纵向分量 X 和水平横向分量 Y。在已知力 F 的大小(向量长度)、作用点 O 和 3 个分量的坐标轴夹角 α、β、γ 的情况下,3 个分力可由以下公式求得:

$$X = F\cos\alpha$$
$$Y = F\cos\beta$$
$$Z = F\cos\gamma$$

以前车身的碰撞事故为例(见图 2-7),如果碰撞力与水平方向呈 α 角作用于前翼子板上的点 A 时,则力 $A'A$ 可分解为垂直方向 AB 和水平方向 AC 的两个方向上的力,如图 2-7a)所示。若碰撞力 $A'A$ 同时侧向角 β 作用于 A 点,水平、垂直两个方向均与车身构件形成一定的夹角时,则力将沿 3 个方向分解。其中,AE 的分力向内,将翼子板前端推向散热器上架及发动机舱盖;AC 分力向后,将翼子板前端推向中间车身;AB 分力向下,将翼子板前端推向前车身下部,如图 2-7b)所示。

从以上的例子可以看出,通过对车辆碰撞点的受力情况进行分析,可以很快地找到车身损伤的受力传递路线,沿着这条路线可以发现距离碰撞点较远的地方的损坏情况。用受力分析的方法对车身进行损伤检查是非常全面的,它可以指导我们对一些重点部位进行必要的检测,不会只局限在碰撞损伤点周围而落掉非常重要的部位。

2. 碰撞类型及后果

1)碰撞类型及其对承载式车身的影响

承载式车身采用"应力薄壳结构"的车身结构,这种结构能很好地吸收碰撞时产生的能量,即碰撞力被整个车身构件逐渐吸收、传递、扩散直至消失。

由于整个车身壳体由许多薄钢板连接而成,碰撞及引起的振动大部分被车身壳体吸

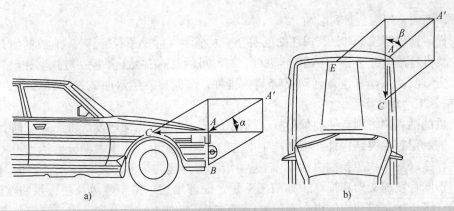

图 2-7　前车身承受冲击力的分解实例
a) 正向力；b) 侧向力

收掉了，如图 2-8 所示。但振动导致的"二次损坏"通常会影响承载式车身的内部结构或车身的另外一侧，如图 2-9 所示。为了控制二次损坏变形，并为乘客提供一个更为安

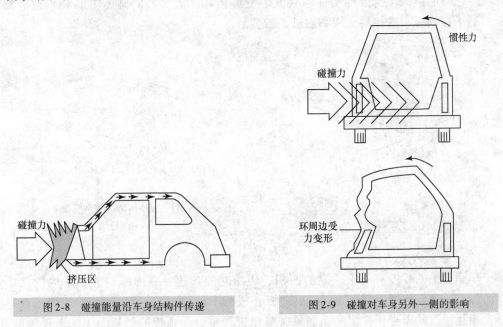

图 2-8　碰撞能量沿车身结构件传递　　　　图 2-9　碰撞对车身另外一侧的影响

全的乘坐空间，整体式车身在其结构上采取了不同刚度等级的方法，在其前部和后部都设计有"碰撞损伤缓冲区"，车辆前后部发生碰撞时，这些缓冲区可以吸收大量的碰撞能量，从而保护中部的乘员空间；来自侧向的撞击则被主车地板侧梁及其加强梁、中心立柱、侧向防撞杆等加强部件抵抗和吸收。

承载式车身的碰撞类型大致可以分为以下几种：

（1）前端碰撞。

前车身碰撞变形的程度与碰撞力的大小、方向和碰撞对象等有很大的关系。

正面碰撞程度较轻时，一般会使车前部保险杠及其连接支架受到损坏，并首先波及散热器及散热器支架、前翼子板和发动机舱盖等。有时由于前翼子板内板受到碰撞力的作用

而变形，前轮悬架也会受到影响。

正面碰撞程度较重时，其损坏的范围会扩大很多（前翼子板后移），造成前门开启困难；发动机舱盖严重变形并伴随铰链翘曲，有时可触及前围板上罩板；散热器和散热器支架严重变形波及风扇和空调散热器等其他机件；前侧梁发生弯曲或裂伤（如图2-10所示），前悬架严重变形等。

严重的前端撞击则会使前保险杠、前翼子板、散热器支架、发送机舱盖、前翼子板内板、前侧梁等主要结构件和板件产生严重的损坏和变形，通常大部分已达到不可直接修复的程度（可采取更换的方法）。碰撞力沿车身传递的结果，会造成A柱、前门B柱等产生不同程度的变形和损坏，如前门下垂、门隙增大、主车地板及顶板拱曲变形等。车辆的许多机械总成和构件也会有很大程度的损坏，如发动机及变速器支撑错位甚至损坏，前驱车辆动力传动和转向机构损伤等。

如果碰撞来自斜前方，前侧梁的连接点则会成为旋转中心或旋转面，发生侧向和垂直方向的弯曲，如图2-11所示。侧向碰撞引起的振动还会从碰撞点传递到另一侧的前部构件，即两侧的车身前部构件均会发生变形损坏。前部斜向碰撞主要会导致前翼子板、翼子板内板、散热器支架和前悬架的变形。

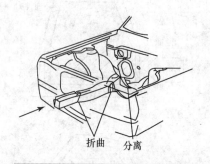

图2-10 车辆前端撞击引起的前侧梁损坏

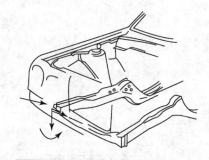

图2-11 前侧梁的侧向和垂直的弯曲

（2）后端碰撞。

车辆受损的程度取决于碰撞的面积、碰撞时的车速、碰撞的对象和车辆的总质量等。如果碰撞较轻微，后保险杠、后地板（或行李舱地板）、行李舱盖、后翼子板等变形，相互垂直的车身板件扭曲；如果碰撞比较严重，后顶盖的侧板会塌陷至顶板底面，四门车的B、C支柱可能弯曲，车辆的顶板弯曲。

（3）侧面碰撞。

确定车辆侧面碰撞损坏时，分析汽车的构造十分重要。车辆系两门车还是四门车，普通顶车还是硬顶车，车门有无侧向防撞杆，车辆的中心立柱（B柱）的结构和主车地板的结构等都会对车辆的侧向防撞能力造成不同的影响。因为车辆发生侧向碰撞时，车身构件必须为强度很高的构件，可抵抗住碰撞力并将其分散到车身整个侧板，这样才能有效保护乘员空间，因此这部分车身构件一般都设计制造得非常坚固，没有碰撞缓冲区。为了提高车辆的侧向防撞能力，现代车辆一般都在车门内侧配有防撞杆，B柱采用三层加强结构等，硬顶车辆已经比较少见了。

发生侧向碰撞时,对于严重的碰撞,车门、前部构件(前翼子板、翼子板内板和前侧梁等)、中心立柱以至于主车地板侧梁、地板和顶板等,都会有不同程度的变形。当前翼子板或后顶盖侧板受到垂直方向上较大的碰撞时,振动波会传递到车辆的另外一侧,使车辆整体产生弯曲。当前翼子板中心位置受到碰撞时,前轮会被推进去,振动波也会传到前侧梁,甚至通过副梁传递到另一侧车轮,造成另一侧车轮定位失准,发动机支撑、转向系统等也会因此而发生损坏。

(4)顶部碰撞。

由坠落物体使汽车顶部受到损坏时,受损的不仅是车顶钢板,而车顶侧梁、后顶盖侧板以及车窗等可能同时被损坏。

如果车辆倾翻之后,车身支柱和车顶钢板已经弯曲,那么相反一侧的支柱同样也会损坏。汽车损坏的程度可通过车窗车门的变形来确定。有时,在车辆倾翻后,车身的前部和后部部件也可能被撞伤。

2)碰撞对车架式车身的影响

许多车辆采用车架式车身结构,如客货两用车、越野车等。这些车辆在发生碰撞时,由于有坚固的车架承受巨大撞击力,车身的损伤程度往往会轻一些,因此在对车辆进行修复时,重点在车架的校正。

车架式车身有坚固的车架,车身通过螺栓和橡胶垫固定在车架上。这类车身在发生碰撞事故时由车架承受大部分的冲击载荷,车身本体受到的损伤相对于承载式车身要小许多。车架式车身的车架上也设计有碰撞缓冲区,以便在遭受较大的冲击时发生变形来吸收碰撞能量,如图2-12所示。图中圈出的部位为车架和车身上较柔和的缓冲部位,主要用来缓冲来自前端或后端的碰撞冲击。

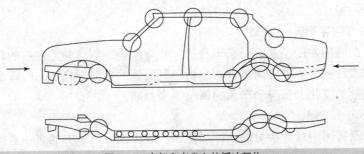

图2-12 车架和车身上的缓冲部位

(二)碰撞变形分析

为了准确地判定车辆的损伤,车身修理人员要准确地掌握碰撞事故发生时的具体情况,通过与驾驶员交谈、现场观察等,要对车辆有一个基本的了解,并且要特别注意以下几个方面:

(1)事故车辆的车型结构、车辆基本尺寸等。

(2)碰撞时的车速。

(3)碰撞的准确位置、碰撞力的方向和角度等。

(4)车辆的载重情况,人员或货物的数量和位置等。

在了解了上述基本的情况后，再结合上面所述的受力分析将会比较顺利地对车辆进行检查。有经验的车身维修人员还应对不同类型的车辆在发生碰撞时的不同变形特点有更进一步的了解，这对车辆的损伤判断和制订修理方案有很好的帮助。

车辆发生碰撞事故后，由于碰撞力的大小、位置、方向和力的传递等因素的影响，车身板件和结构件所造成的损伤会千变万化、无一相同。但事故发生时驾驶员的反应和车辆的结构等在某种程度上对车辆的损伤也有一定的决定作用，也是有一定的规律可循的。例如驾驶员的第一反应是要绕离危险，汽车的边缘部位通常会造成损伤；驾驶员的反应是猛踩制动踏板，车辆的损伤部位一般会集中在车辆的前部。轿车较为常见的承载式车身和车架式车身，因其承载的方式和力量传递的路线差异，在其他情况基本相同的情况下，其损伤也会有很大的不同。

1. 承载式车身碰撞损坏的过程及分析

1）损坏过程

以轿车发生严重的正面碰撞为例。在碰撞的瞬间，碰撞力试图使汽车的结构缩短，从而引起中部车身横向及垂直方向的弯曲变形，而且碰撞力以冲击波的形式开始向撞击点以外的区域扩散。但略有弹性的刚性车身结构力图使车身保持原来的形状，变形并没有马上产生。

随着碰撞的持续作用，在碰撞点上和前部的碰撞缓冲区就会产生显著的挤压而导致变形和断裂，碰撞的能量被结构的变形所吸收，从而保护了乘员舱。同时冲击波加剧扩散，其他区域也出现皱褶、断裂和松动。如果碰撞的能量足够大，将引起中央车身向外鼓起变形，以保护乘客不受伤害，车门能够顺利打开。

2）损坏分析

承载式车身的损坏形式和损伤顺序一般为：左右弯曲变形、上下弯曲变形、断裂、扭转变形和外胀损坏等。

（1）左右弯曲变形。

从一侧来的碰撞冲击经常会引起车身的左右弯曲或一侧弯曲。左右的弯曲通常发生在汽车的前部或后部，一般可通过观察车辆一侧明显的碰撞损伤、车门等板件与周围板件的缝隙及高度的变化、车身和车顶的错位等来判断。

（2）上下弯曲变形。

上下弯曲是碰撞中最为常见的一种损伤，一般由前方或后方的直接碰撞而引起，可能发生在汽车的一侧，也可能是两侧，基本现象是车身有倾斜或离地间隙不一致。可以通过查看车门的缝隙是否在顶部变窄、下部变宽，车门在撞击后是否有下垂等来判断。

（3）扭转变形。

当轿车高速撞击到路缘或道路的中央隔离墩时，可能导致扭转变形。发生扭转变形以后，汽车的一角通常较正常的高或低，而另一侧的情况与撞击一侧相反。

即使最初的碰撞直接作用于中心点，但再次的冲击还是能够产生扭转力的，从而引起车身的扭转损坏。整体式车身的扭转变形与车架式车身的车架扭转变形相似，通常最后的碰撞结果，可以通过测量其高度或宽度的尺寸变化来判断。

（4）外胀式损坏。

对承载式车身而言，正面碰撞时传到乘客室的碰撞力会使侧面结构弯曲远离乘客

(而不是向内侧挤压),同时侧梁变形,车门的缝隙增宽。通常可以通过测量门隙的变化和门高的变化加以判断。

2. 车架式车身碰撞损坏分析

1) 左右弯曲

如图 2-13 所示,从一侧来的碰撞冲击经常会引起汽车车架的左右弯曲。左右弯曲通常会发生在车架的前部或后部,一般可以通过观察钢梁的内侧及对应钢梁的外侧是否有弯曲来确定。此外,通过车门长边上的裂缝和短边上的皱褶,车辆一侧明显的碰撞损伤、车身和车顶盖的错位等也可初步断定左右弯曲的变形。

2) 上下弯曲

与承载式车身的上下弯曲损伤类似,从车辆的外表观察,通常有前部或后部低于正常车辆的现象,整个车身在结构上也有前倾或后倾的现象,如图 2-14 所示。大多数前端后端碰撞的车辆都会出现上下弯曲的车架变形,严重的上下弯曲变形能够破坏车架上车身钢板的准直,即使在车架上看不出皱褶和扭曲,也是如此。

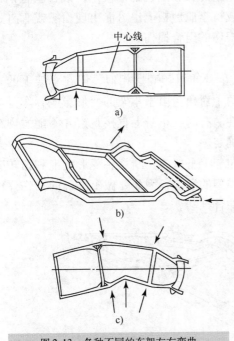

图 2-13 各种不同的车架左右弯曲
a) 由前端碰撞引起的车架前部左右弯曲;
b) 由后端碰撞引起的车架后部左右弯曲;
c) 车架外部受到的双重左右弯曲

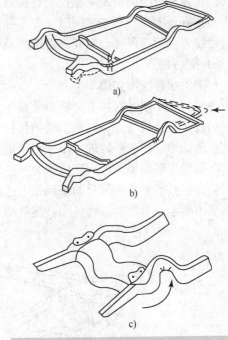

图 2-14 车架的上下弯曲
a) 左前端上下弯曲;b) 后尾端上下弯曲;
c) 车架上下弯曲的形式

3) 断裂损伤

车辆在有断裂损伤时,车上的某些部件或车架的尺寸会低于原车的技术尺寸。断裂损伤通常表现在发动机舱盖的前移或后窗的后移。有时,车门可能吻合得很好,看上去也没有受到任何的干扰,但皱褶或其他严重的变形有可能发生在车身或车架的拐角处,而且侧梁还会在车轮挡板圆顶处向上提升,引起车身的损坏。受到断裂损伤后,保险杠一般会有一个非常微小的位移,多为来自前方或后方的直接碰撞而引起。

4）菱形变形

车架的一角或偏心点受到来自前方或后方的撞击时,其一侧整体向前或向后移动,引起车架或车身的歪斜,使其形状接近平行四边形,称为"车架的菱形变形",如图2-15所示。

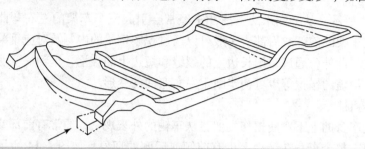

图2-15　影响车架准直的菱形变形

菱形变形会对整个车架造成影响,而不仅仅是汽车一侧的钢梁。从外观上可以看到发动机舱盖和行李舱盖发生错位,在接近后车轮罩的相互垂直的钢板上,或在垂直钢板接头的顶部可能出现褶皱,同时,在车厢地板或行李舱地板上也可能出现褶皱或弯曲。

通常,菱形变形还会附有许多断裂及弯曲损伤的组合损伤。

5）扭转变形

车架的扭转变形如图2-16所示,与承载式车身的扭转变形相似,但在车架上的表现更为明显,车架的对角方向明显要高于另外两个对角。由于车架的变形影响,车身与车架的连接会出现裂隙,影响车辆的行驶稳定性。有时在车身上直接观察并不能发现车架的扭转变形,往往需要进一步进行测量才能确定。

车架发生各类损伤的次序依次为：左右弯曲、上下弯曲、断裂、菱形变形和扭转变形,但大多数的碰撞和事故的结果是上述损伤类型的混合,因此要做出准确的损伤评估还需要不断地积累经验,并且配合测量结果来综合判断。

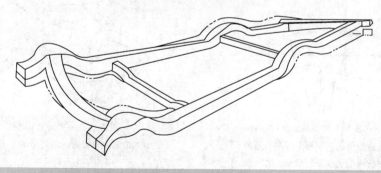

图2-16　车架的扭转变形

（三）车身碰撞损伤的检验程序

车辆碰撞所引起的车身损伤不仅包括车身本体的损伤,也包括车辆其他的机械、电子总成和零部件等,对这样复杂的情况进行细致的判断是一个系统的工作。单就车身来说,碰撞损伤的变形量只有通过车身尺寸的测量才能准确地判断；在对车辆进行修理时，车身尺寸也是修复的主要内容。所以，对车身进行尺寸的测量是车身修理的关键。

在损伤的检查过程中，对车身进行全面的测量无疑会使损伤鉴定工作非常准确，但并不是所有的车辆都要做全面的测量才能准确判定损伤，通常对一些局部碰撞车辆只要做必要部位的检测就可以。为了准确地做好损伤判定，提高工作效率，要按照一定的工作法则，有顺序有步骤地对车辆进行检验。

第一，针对车辆的表面状况询问了解事故发生时的具体情况，如车速、发生碰撞的物体的速度和大概质量、发生碰撞时的处理方法和碰撞的具体位置等，这对车辆进行损伤分析和制订维修计划具有指导意义。

第二，对车辆进行碰撞的受力分析，对车辆上哪些部位是直接碰撞损伤，哪些部位可能受到振动波的影响而产生间接损伤，哪些部位可能不会造成损伤等，做出初步的判断，将车辆的重点检查部位、一般检查部位和无需检查部位进行简单的划分，以便集中检查，提高效率。

第三，根据受力分析的结果将车辆的损伤分成若干区域，有根据有目的地对车辆进行必要的定性测量，排除无损的部位，确定损伤的范围和程度。

第四，对重点损伤部位或通过简单的观察、测量等工作无法进行准确判定的部位进行仔细的检查，这时需要用到较精密的测量和检查仪器设备，甚至有时需要对车辆进行拆检以确定其内部的损伤情况。

第五，汇总测量数据，对车身的损伤做出准确的判定，为制订维修计划做准备。

以上整个过程应当充分地贯彻到车辆的损伤鉴定工作中去。只有这样才能准确而又快速地对车辆进行全面的鉴定评估。

1. 观察法对车身损伤进行初步诊断

观察法即用目测的方法对车辆进行初步的检查。目测法可以有效而准确地判断车辆表观的损伤所在，效率也高，是对车身及其内部的损坏进行初步认定的良好方法。因为如果能从车身表面发现损伤，往往其内部会有更为严重的损伤存在，而车身外部表面的损伤又是必须得到修复的，所以目测是在车辆进行损伤判定中不可缺少的一步。目测也不是完全凭肉眼进行观察的，而是通过感觉来判断的，也需要用到一些简单的工具和量具等，如钢板尺、卷尺等可以用来测量车门的对缝和车身上一些长度、宽度和对角尺寸等，对车身的整体变形判断提供依据。图 2-17 所示为车身上在碰撞时容易产生损伤的部位。

在大多数的情况下，碰撞部位能够显示出结构的变形或断裂的迹象。用肉眼进行检查时，要后退离开车身对其进行总体的观察和估测。一般在初步目测对车辆进行观察时应从远离碰撞部位的地方开始进行，因为，如果从碰撞部位开始逐渐观察到未损伤的部位，视觉上可能会受到一定的影响而产生错觉，发现不了比较细微的尺寸变化而忽略了某些重要的表征。但在进一步检查操作时还要遵循沿碰撞力的传递方向进行检查的原则。

由碰撞引起的承载式车身的损伤情况与其他类型车身的车辆相比要复杂得多，可以采用"圆锥图形法"来进行分析，如图 2-18 所示。

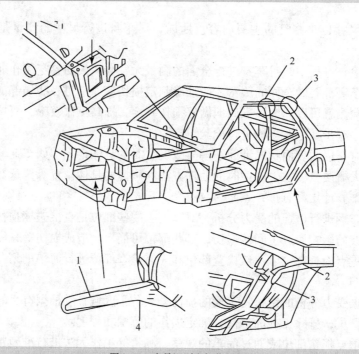

图 2-17 容易识别出损伤的部位
1-零件截面的突变；2-零部件之间的连接点；3-棱角和边缘；4-受到弯曲、扭转或断裂损伤的部位

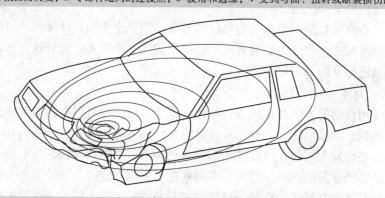

图 2-18 运用"圆锥图形法"确定碰撞对承载式车身的影响

整体式车身通常设计得能够很好地吸收碰撞能量，在受到冲击时，车身由于吸收冲击力而折合收缩，渗入结构之中的冲击力因为被车身更加深入的部位吸收而逐渐扩散直至消除。将目测的撞击点作为圆锥体的顶点，圆锥体的中心线表示碰撞的方向，其高度和范围表示碰撞力穿过车身壳体扩散的区域。圆锥的顶点通常为主要的受损区域。

在运用圆锥图形法对车辆进行细致的目测检查时，要从碰撞的位置估计汽车碰撞尺寸的大小和方向，判断碰撞如何扩散并造成损伤。先总体上探察车身是否有扭转、弯曲变形等，再看整个汽车，设法确定所有的损伤位置和情况，以及所有的损伤是否由于同一碰撞引起。

碰撞力沿着车身扩散并使汽车的许多部件及某些部位发生变形，因此为了查找出车身的损伤，必须沿着碰撞力扩散的路径直达车身最薄弱的部位（此处的应力最大），按顺序一处一处地检查，确认变形的情况，如观察钢板连接点的错位、油漆层的裂缝和剥落等。这样，损伤就可以容易地从图2-17中所示的部位识别出来。

目测损伤检验的内容主要有以下几个方面：

1）车身构件截面的突变

主要项目有：零件的断裂或遗失、加强件上的损伤和断裂（如内加强板、加强筋等）、各车身板件和结构件的连接焊缝的脱焊和断裂等。

2）零件的棱角和边缘

检查车架梁等部位的损伤时，极易判断出部件凹面上的损伤，因为它们多以严重的凹痕和扭结形式出现而不是以轻微的弯曲形式出现，后者通常出现在部件的另一侧。

设计车身时，要使碰撞产生的能量能够沿着一条既定的路径传播，从碰撞点开始沿着汽车的结构扩散，直至所有的能量消失。因此，损伤的迹象通常在碰撞点附近比较显著，当能量在临近的结构逐渐消失时，其损伤的程度也逐渐减弱。但有时情况相反，碰撞点上的损伤迹象很小，能量却穿过构件传递到车身内部很深的部位，这一点要非常注意。

3）检查车身每一部位的间隙和配合

由于车门是通过铰链装在车身支柱上的，从而可以通过简单地开关车门及观察门的对缝来确定车身支柱是否受到损伤，如图2-19所示。

在汽车前端碰撞事故中，检测损伤最重要的是检查后车门与后顶侧板或其与车门槛板之间的间隙及水平差异。另一个较好的方法是比较汽车左右两侧相同位置的尺寸情况。

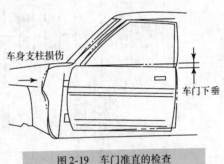

图2-19 车门准直的检查

车门的铰链在使用一段时间后会趋于下垂，驾驶员一侧的车门开关过于频繁，尤其如此。因为门的配合可能由于车身的柔性而受到影响，所以，将车身举升起来进行细致的检查是很有必要的。

4）检查车辆的惯性损伤

当汽车受到碰撞时，一些较重的部件和总成（如发动机等）的惯性会转化成为巨大的作用力，使其向相反的方向移动，产生冲击，造成损伤。这就需要对固定件、周围部件和车身钢板进行必要的检查。对于车架式车身，车身安装在橡胶隔离垫上可以减小其惯性损伤，但在碰撞过程中，剧烈的碰撞也会引起车身和车架的错位，破坏车身上的隔离件。

5）检查来自乘客或装载的货物引起的损伤

乘客和行李在碰撞中由于惯性的原因还能引起对车身的二次损伤，损伤的程度因为乘客的位置及碰撞的力度而有所差异，其中车辆受此类损伤几率较高的部位有仪表台、转向盘和转向柱、座椅靠背等。同时行李舱中的行李也可能引起车身后顶侧板、行李舱盖等的损伤。

2. 运用测量系统对车身碰撞损伤进行诊断

使用测量系统对事故车进行测量是比较准确的碰撞损伤诊断、评估手段。通过对碰撞车辆三维尺寸的测量，不但可以给出准确的定量数据，还可以通过定量数据给出准确的定性结果，相对于目测，损伤诊断更加准确、客观。

通过定量数据总结出定性结果，应配合具体车型的车身技术数据，比对每一车身控制点的测量数据，根据测量数据与车身技术数据之间的差异，参照车辆碰撞损伤实际情况诊断可能的损伤部位，做出准确的损伤评估。

（四）客车车身骨架的检验

普通骨架式客车车身大修工艺流程如图2-20所示。车身检验是确定修理内容的重要依据，不同车辆及其损坏的情况不同，检验内容和方法也不同。

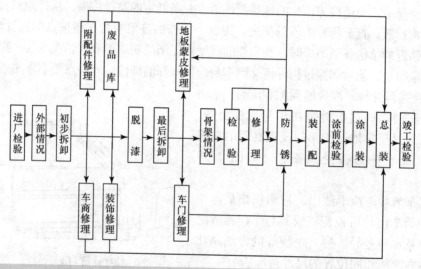

图2-20　普通骨架式客车车身大修工艺流程

车身骨架是客车车身的基础，骨架的损伤程度决定了车身的修理价值和修理种类。骨架构件的损伤主要有锈蚀、局部变形和断裂。骨架的修理目的是恢复骨架的结构性能。

车身骨架的检验方法有目测、样板检测和量具检测三种。

1. 目测

目测主要检查骨架各构件的损伤、断裂、裂级及严重锈蚀等。特别要仔细检查裂纹，避免漏检。客车车顶行李架对应的顶横梁、立柱的侧窗上、下沿及与底横梁连接处等部位，是车身受扭变形时的高应力点，容易产生断裂或裂纹。立柱下端经常接触雨水、灰尘等，锈蚀比较严重。同时，各构件的连接部位要注意检查是否脱焊、裂损等，注意检查各装置是否牢固。

2. 样板检测

样板检测适用于承修数量多、品种单一的车辆。检查部位通常是前、后风窗框，驾驶席侧门框及左、右侧骨架弧度。

机动车使用的钢化玻璃安装要求较高，如果窗框变形较大，容易造成玻璃破碎。检查前后风窗框的方法是：用比名义尺寸小4mm的样架检查，样架应能放入框内，且周边间隙不大于4mm，将样架紧贴窗框止口曲面，用厚薄规检查，其曲面形状与样架不贴合间隙应不大于4mm。

检查驾驶席侧门框的方法，用比名义尺寸小4mm的样架检查，样架应能放入柜内，且周边间隙不大于4mm。

3. 量具检测

量具检测主要用于乘客席门框、侧窗框及车身骨架横断面龙门框架对角线长度的检测。为了保证测量的准确性，应制作专用的定位杆进行检测，如图2-21所示。

国产大客车各框架对角线误差分别为：

（1）侧窗框对角线长度差不大于3mm，侧窗框对角线测量方法如图2-22所示。

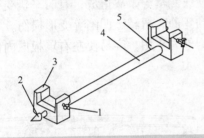

图2-21　定位杆
1-固定螺钉；2-定位调整装置；3-上定位卡；
4-连接杆；5-下定位卡

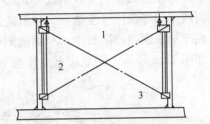

图2-22　侧窗框对角线长度差的测量工具
1-上纵梁；2-定位杆；3-窗圆角

（2）车身横断面框架（龙门框架）对角线长度差不大于8mm。

（3）乘客席门框对角线长度差不大于6mm。

测量时先将定位杆固定在两侧窗框立柱内侧，以上纵梁下平面为定位基准，用卷尺测量对角线长度差。

龙门框架对角线长度差测量方法如图2-23所示。测量时先将定位杆固定在左、右两侧立柱内侧上，以底横梁上平面为定位基准，用测量杆测量对角线长度差。测量时测量点应在车身横断面上，中心左右对称，否则应另外制作特殊的定位杆将测量点校正过来。测量杆结构如图2-24所示。

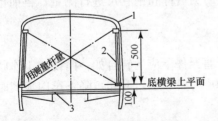

图2-23　龙门框架对角线长度差的
测量（单位：mm）
1-龙门框架；2-定位杆；3-底横梁

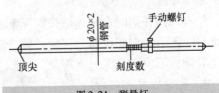

图2-24　测量杆

乘客席门框对角线长度差的测量方法基本与龙门框架对角线的测量相同，但在很多车辆上定位杆应固定在乘客席门两立柱外侧或车内方向，定位杆也应特殊制作。

通过检测，如果发现整车骨架、门窗框架等超出规定的公差要求，检验人员应把检验结果在《检验单》上填写清楚，以便指导维修作业。

（五）轿车车身的检验

轿车车架一般是车身的一部分，多数车辆采用等边大梁结构，如图 2-25 所示。等边大梁的前后梁以中间车厢两侧（侧梁）与增强力矩框架相连接，从而使行驶时由路面传来的冲击与扭力被底架吸收和缓冲。

车架和车身的损伤多数情况下是由于车辆碰撞或翻覆等事故造成，有时车辆受到较大载荷或车门等部件过度磨损，也可能造成车架的弯曲、扭转、凹陷等变形损伤。

在车辆正面碰撞事故中，车辆前侧中间处受到外力作用，容易使左右罩板向内侧拉伸，如图 2-26 所示。因此应重点检查下述部位：

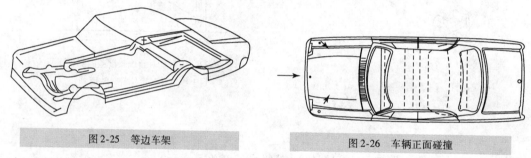

图 2-25　等边车架　　　　图 2-26　车辆正面碰撞

（1）左右罩板配合处附近。

（2）前横梁与左右侧梁的装配连接处附近。

（3）检查后车门与后顶侧板或车门槛板之间的间隙及水平差异。

1. 车架

车架变形检验方法如图 2-27a) 所示，把测量杆悬挂在图中的主要测量点下（前、中、后），通过测量杆的中心上、下或左、右扭转变形情况来检查。

2. 车身变形检验

轿车车身对角线测量点如图 2-27b) 所示，借助测量杆和钢卷尺进行测量，目前也有采用专用轿车测量系统的。

3. 车门

检查车门开闭时对其他部位有无刮碰；从打开直至停下应运转自如；门铰链工作状况良好，闭合时应能可靠地锁紧；闭合后立缝间隙应符合要求。升起、降下车门玻璃时应无异响；不发卡；无过重现象。

4. 发动机罩和锁扣

打开发动机罩检查，检查罩锁口是否平稳解脱；罩锁扣钢绳工作是否正常；罩铰链行程是否合适；罩支撑柱工作是否可靠；是否完全锁牢。检查罩与挡泥板的间隙，同时检查高度上是否有较大误差。

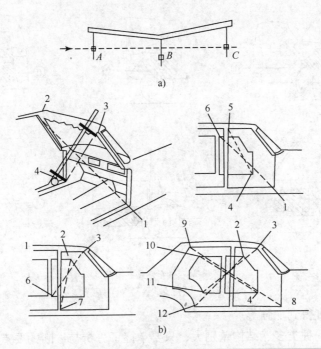

图 2-27 轿车变形检验
a) 车架；b) 车身；1~12 序号为测量点

5. 后行李舱

检查开闭动作是否圆滑；锁紧机构是否正常；铰链是否松旷；闭合时后行李舱盖与后挡泥板的间隙及高度差是否符合要求。

（六）货车车身的检验

掌握了如前所述的对车身变形的分析要领，也可以对客车等其他类型车身的变形进行举一反三的分析与诊断了。但是，对于货车车身还有它特殊的一面，需要在此加以简要说明。货车发生碰撞时，除了车身的直接损伤以外，由货物惯性力的冲击所导致的二次破坏，也需要在诊断过程中认真考虑和对待。如货物装载质量、种类和位置等，对前后轴的载荷的分布、对车厢的冲击程度以及对驾驶室、车架的影响等，都会因碰撞的实际情形不同而异。也就是说，对于货车碰撞变形的分析与诊断，还要了解事故发生时的初始状态。

1. 驾驶室变形的检验

货车驾驶室有图 2-28 所示的几种形式，目前比较流行的是乘坐舒适性好的长头驾驶室和长度利用系数高的平头驾驶室。

货车驾驶室是驾驶员的工作场所，对乘坐舒适性、操纵性、安全性、维修性和可靠性等，都有着不同于其他类型车身的要求。比如：采用浮动支承式驾驶室，可以明显地改善驾驶员的乘坐舒适性；装配大型双曲面风窗玻璃、车门设下角窗等，可以有效地扩大驾驶视野；使用高强度钢板和像轿车那样采用应力壳体车身，可提高驾驶室的抗冲击

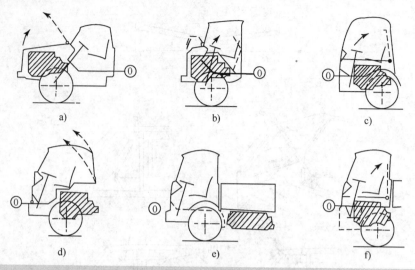

图 2-28 货车驾驶室类型
a)长头式；b)短头式；c)~f)平头式

能力并使整体刚度得到加强等。

尽管驾驶室的种类多、结构差别大，只要掌握了分析与诊断的要点，就可以按其变形的特点找出规律性的东西来。

首先，要检查驾驶室与车架的装配形式及其损伤情况。对于固定式装配的驾驶室，要检查其结合部有无撕裂或变形，根据弹性支承的损坏状况，即可大致判定其整体变形程度；对于浮动式支承的驾驶室，除了检视减振件有无变形外，还要重点检查水平定位装置是否损坏，并由此推断出整体变形趋向；对于翻转式驾驶室，可将其翻转来观察其变形状态和翻转支承机构是否工作正常。

此外，以下部位的损伤状况也是检查的重点：车门的启闭是否灵活无阻滞；车厢是否向前移位并殃及了驾驶室；前后窗柱有无弯曲、扭曲现象；构件的连接处有无松动（指螺栓连接）、脱焊。对于直接损伤、波及损伤的诊断方法，可参照前述对轿车车身变形分析方案。

驾驶室车门框是比较容易发生损伤变形的部位，当受到冲撞经过校正后应参照图 2-29 所示的测量方法，检查、校对车身门框控制点的对角线尺寸。

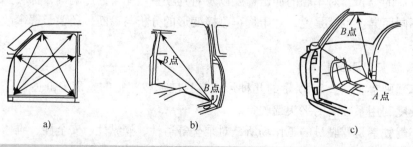

图 2-29 驾驶室门框变形程度的测量
a)车门框对角线的测量；b)两车门后立柱对角线的测量；c)两车门前立柱对角线的测量

2. 车厢变形的检验

载货汽车车厢可以分为集装箱平板型、栏板型和封闭的厢型。同一种型号的货车可以有不同形式的车厢，通常由专门的工厂根据不同用途来进行改装或改造。车厢多采用螺栓、U形卡等与车架进行可拆式的固定。

平板型车厢多为钢材压制成的波纹形车底，这样可以使车厢承载面降低。而木制车厢多为横纵木梁叠加和铺以木制底板，车厢承载面比前者高。为了防止木材损伤、腐朽等，绝大多数木制车厢底的表面还覆盖一层薄钢板。目前，更加流行钢木混合式车厢，它具有两种材料共有的双重优点和合理利用资源的意义。

栏板式车厢沿四周装有可开启的挡货栏板。较短的车厢为单开式（一般为后开），其余车厢栏板均为固定式（不可翻开）。较大的车厢为三开式，即车厢有三面栏板均可开启。车厢前端的防护架（俗称鸟架），也是栏板式车厢的组成部分。它与车厢底板固定在一起，旨在防止车内货物在运输中前移而危及驾驶室。

为了运送特定的货物还常常要使用封闭的厢式车厢。厢式车厢是利用型材或冲压的构件制成框架，再覆蒙皮形成的封闭壳体。为提高强度和使蒙皮不致发生振动，几乎所有表面都制成波纹筋，并且与底板刚性连接，使整个壳体具有很大的刚度和承载能力。

另外，铝合金厢式车也开始在一些有特种用途的货车上采用，这也是近几年来对汽车轻量化有了更新的追求目标后产生的。这种厢式车一般为6块板式结构，结合部借助主体框架用螺钉、铆钉等方式连接在一起。以铝合金材料为主体的车厢，在主要承载部位还使用特殊铝合金材料，外蒙皮均为铝合金板。这种车身对阳光的反射率好，能有效地降低车内温度，适合一般杂物和药品、食品及家具等运输。为便于装卸，车厢的后部和侧部还设有密封的推拉式或旋转式车门等。

货车车架大修前及进行校正、焊接、铆接和组装后都要进行整体检测，以确定车架变形的程度、是否需要大修及大修后的效果等。

除了碰撞造成的直接损坏以外，货车车厢变形的原因更多地是来自货物的冲击。其中冲击方式有货物落体和惯性两种。

受装载货物落体冲击的车厢，其损伤体现得较为明显。垂直方向上的变形使车厢底板凹陷、下垂，表面不平且四周离地高度误差较大。

追尾碰撞时，除栏板受到直接损伤外，车厢底板也会变形并发生位移，角碰撞还会使车厢底变成菱形。

货车的正面碰撞不仅会损坏车架和驾驶室，强大的惯性力还会使货物挤压到前栏板上，使栏板、保险架损伤并带动车厢整体前移。

用对角线法测量车厢的各部分尺寸，就可以比较直观地检查出车厢的变形状态；对车厢各部分连接进行检查，不仅可以查出隐含的局部破损，而且还可以根据原来的装配痕迹查明车厢的位移情况。

3. 车架变形的检验

对边梁式车架检查时，应以悬架位置为支承点，以免由于本身重量引起的挠度影响检测精度。

1) 车架歪斜的检查

一般车架发生歪斜后，可以采用图2-30所示的分段拉线方法进行检查。其方法是：选择车架上平面较大的平整部位作为基准平面，在钢板弹簧固定支架销承孔轴线中点或与车架侧面左右等距离的对称点，引出4个在基准面上的投影点，测出4点间对角线的长度误差即可。国家标准规定车架分段检查各段对角线长度误差应不大于5mm。

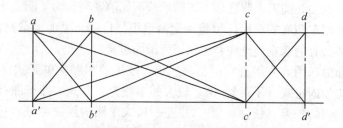

图2-30　车架分段拉线法检查

aa'-前钢板弹簧前支架销承孔轴线；bb'-前钢板弹簧后支架销承孔轴线；cc'-后钢板弹簧前支架销承孔轴线；dd'-后钢板弹簧后支架销承孔轴线；ab'、$a'b$-第Ⅰ段对角线；bc'、$b'c$-第Ⅱ段对角线；cd'、$c'd$-第Ⅲ段对角线；ac'、$a'c$-第Ⅳ段对角线

2) 车架纵梁直线度的检查

车架纵梁的直线度不符合要求会影响有关总成的安装，因此应检查校正。该项直线度误差检测分为车架纵梁上平面直线度及侧面的纵向直线度两项。要求修理竣工后的车架纵梁上平面直线度及侧面的纵向直线度误差，在任意1000mm长度上不大于3mm，在纵梁全长上应不大于其长度的1/1000。

注意，这是对车架在总成状态下检测纵梁所提出的要求。由于纵梁的长度很长、宽度很窄，所以纵向直线度要求就控制了弯曲变形。

纵梁的直线度可用拉线法检测，具体方法如图2-31所示。测量时先在纵梁被测平面两端垫两个等厚度的垫块1，紧贴垫块外平面拉线，然后用钢直尺测量纵梁被测平面各处与拉线间的距离。各距离中与垫块厚度之差最大者即为直线度误差。

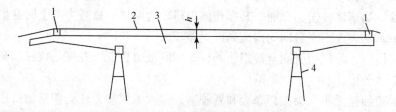

图2-31　车架纵梁直线度的检测

1-垫块；2-丝线；3-车架纵梁；4-支承

3) 车架总成上平面平面度的检查

如果检测时仅满足了对纵梁上平面的直线度要求，则当一根纵梁向上弯曲达到其长度的1/1000，而另一根纵梁向下弯曲了全长的1/1000时，则两根纵梁上平面的相对误差就达到车架纵梁全长的2/1000，从而超过技术要求。所以，有必要对左、右纵梁所构成的车架上平面提出相应的平面度要求。

对一般边梁式车架，车架总成左右纵梁上平面应在同一平面内，其平面度误差应不大于被测平面长度的 1.5/1000。

左、右纵梁上平面平面度检测，可用如图 2-32 所示的方法：在被测平面两端两纵梁上对称放置 4 个等厚垫块，并拉对角线 ab' 和 $a'b$。若两对角线在 c 点不相接触，则将处于下面的一条对角线两端的两垫块加等厚度垫片进行调整，直至两对角线相交（在 c 点处接触），此时两对角线的 4 个端点便形成了基准平面。再在两纵梁上方分别拉线 ab 和 $a'b'$，并测量两纵梁上平面各点至 ab 和 $a'b'$ 线间的距离。各点距离的最大差值即是纵梁上平面的平面度误差值。

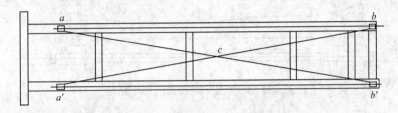

图 2-32　车架纵梁上平面平面度的检测

4）车架总成的其他形位误差的检测

对于一般的边梁式车架，大修竣工后还应符合下述要求：

（1）车架宽度极限偏差为 $^{+3}_{-4}$mm。

（2）纵梁侧面对车架上平面的垂直度误差应不大于纵梁高度的 1/100。

（3）车架主要横梁对纵梁的垂直度误差应不大于横梁长度的 2/1000。

（4）左右钢板弹簧固定支架销孔应同轴，其同轴度误差应不大于 2mm。前后固定支架销孔轴线间的距离左右相差值，当轴距不大于 4000mm 时，应不大于 2mm；当轴距大于 4000mm 时，应不大于 3mm。

垂直度误差的检测，可按图 2-33 所示用 90°角尺进行。

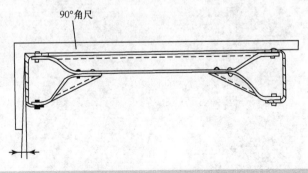

图 2-33　车架垂直度的检查

纵、横梁垂直度的检查，可分别在纵、横梁上平面中位处拉线，然后用 90°角尺测量两线之间的夹角即可。

左右钢板弹簧固定支架销孔同轴度的检验，可用一实效尺寸的量规检验。根据实效边界值法，实效尺寸等于被测要素的最大实体尺寸与形位公差的代数和，即

实效尺寸 = 最大实体尺寸 ± 形位公差（"+"为轴，"−"为孔）

以上即可确定量规的直径。如 EQ1090E 汽车钢板弹簧固定支架孔径为 $\phi 30^{+0.085}_{-0.025}$。可见，若最大实体尺寸为 $\phi 30.025$mm，同轴度公差为 $\phi 2$mm，则

实效尺寸（量规直径） = 被测孔最大实体尺寸 − 同轴度公差
$$= 30.025 \text{mm} - 2\text{mm}$$
$$= 28.025 \text{mm}$$

即做一个直径为 $\phi 28.025$mm、长度略大于两同名支架销孔外端面间距量棒，使该量棒能同时穿过左右两同名支架孔的即为合格，如图 2-34 所示。

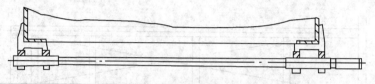

图 2-34　钢板支架孔同轴度的检测

二、任务实施

下面以轿车为例进行分析，客车和货车可参考其进行操作。

（一）事故轿车车身的碰撞损伤检验与测量任务实施程序

任务实施程序如下：

(1) 明确车身结构，通过与客户的交流，并利用专业知识确定碰撞点、碰撞力的方向和大小。

(2) 初步判断直接损伤部位、间接损伤部位，简单划分重点检查部位、一般检查部位和无需检查部位。

(3) 沿碰撞路径系统检查。

(4) 有根据、有目的地对车辆进行必要的定性测量和机械、电子系统的检测，确定损伤部位，判断车辆总体有无变形或变形形式。

(5) 对损伤部位精确测量，准确确定出车身损伤的变形量。

(6) 记录测量结果，填写车身损伤检验记录表。

（二）准备工作

(1) 前部碰撞变形的承载式轿车。

(2) 车身举升器、钢卷尺及必要的拆装工具。

(3) 安全防护用品：工作帽、工作服、安全鞋、棉手套、护耳器。

(4) 对应车型的维修手册。

（三）任务实施

对大事故车的损伤诊断，首先应通过目测判断车身及其他机械零部件的损伤大致情况，对车身的前部和下部等精确度要求高的部位必须通过精确的测量，才能评价其损伤程度。损伤检查一定要注意合理的顺序，这样才能不至于遗漏损伤。下面主要以正面碰撞为例来实施车身损伤检验的任务。

1. 了解碰撞情况

了解碰撞事故发生情况，有助于全面、准确、迅速地检查所有损伤。

(1) 事故车辆的车型结构、车辆基本尺寸等。

(2) 碰撞时的车速。

(3) 碰撞的准确位置、碰撞力的方向和角度等。

(4) 车辆的载重情况，人员或货物的数量和位置等。

2. 确定损伤部位

观察整个车辆，具体方法是：从碰撞点开始，环绕汽车一周（如图2-35所示），并统计撞击处数，评价其幅度，确定其损伤顺序。

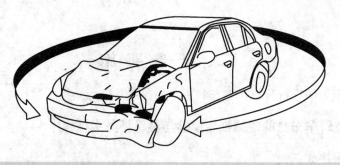

图 2-35　环绕汽车一周确定损伤部位

3. 检查外部损伤和变形

从车辆的前部、后部和侧部观察车辆,并从侧面检查横向和垂直弯曲、扭曲、变形的线条,以及车身上的隆起和凹陷,如图 2-36 所示。同时,检查外板变形或其他与碰撞部位相关联的部位。车身构件的直观损坏靠目测就可以看清楚,它可分为直接损伤和间接损伤两种类型。同时还应注意损伤部位的加工硬化。

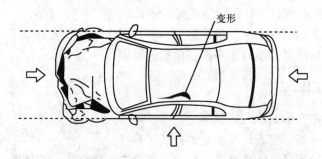

图 2-36　检查外部损伤和变形

1)直接损伤

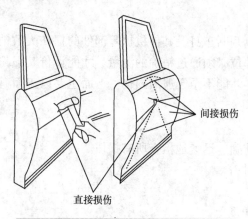

图 2-37　直接损伤和间接损伤

直接损伤是由碰撞物体与车身钢板受损部位直接接触而造成的,如图 2-37 所示。它通常以擦伤、划痕或断裂的形式出现。在所有的损伤中,直接损伤通常只占一小部分,但在修理时却需要花费很多时间。

2)间接损伤

间接损伤是由直接损伤引起的,主要有折损、挤缩等形式,如图 2-37 所示。

大多数碰撞会同时造成直接和间接的损伤,并且其中大部分是间接损伤。各种构件所形成的间接损伤没有本质上的不同,所以采用一些基本的方法就能够修理大多数的车身,只是由于受损部位的尺寸、硬度和位置的不同,所用的修理工具也有所不同。

3)加工硬化

事实上,只要金属板发生塑性变形,就会产生加工硬化。在车身钢板加工成形时,以及损坏变形时都会产生加工硬化。

如图 2-38 所示，该钢板受力后会稍微弯曲（弹性变形），而在外力消失后钢板就能恢复到原来的形状。然而，如果此时所受的外力较大，使得弯曲超过了弹性极限，则钢板就会发生折损（塑性变形），在折损部位就会出现加工硬化现象，造成该部位硬度较高。在对这种折曲损伤进行修复时，只有使折曲部位再次通过塑性变形，才能把钢板修复平整。如操作不当，不但原先的折曲无法修复，还会使原有折曲部位的附近出现新的折损。

图 2-38　加工硬化对钢板修复的影响

汽车上的钢板构件在受到碰撞时，所发生的变形不会都是折损，有些部位只是弯曲状的弹性变形，如图 2-39 所示。折损部位会加重加工硬化的程度，而本身又是塑性变形，所以这些部位才是首先需要修整的，并且是修复作业中主要的修整对象。对于弯曲状弹性变形部位，当约束力消除后，钢板能够基本恢复到原来的形状。也就是说，当把一块钣金件上的所有折损变形修复后，其他弹性变形部位会自动恢复。

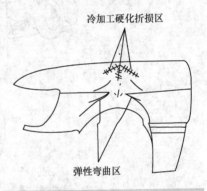

4. 检查外部车身板件的定位情况

仔细检查所有带铰链部件（如发动机舱盖、车门、行李舱盖）的装配间隙和配合状况是否正常（如图 2-40 所示），开启与关闭是否正常。通过这些

图 2-39　典型碰撞变形中的加工硬化区和弹性区

检查除了可以判断覆盖件的变形情况外，还可以判断安装这些覆盖件的结构件的变形情况。如车门是通过铰链安装在车身门柱上的，通过开关门和观察门边缘与车身二者间的曲面是否吻合及装配情况等，即可确定车门或支柱是否受到损伤，如图 2-41 所示。

图 2-40　检查带铰链部件的装配间隙和配合情况

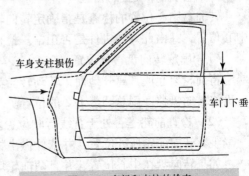

图 2-41　车门和支柱的检查

5. 检查发动机舱

检查发动机支承以及变速器支座的变形,辅助系统与底盘以及线束与底盘间的接触情况。检查车身各部分的变形以及焊缝密封胶的剥落情况。

6. 检查车厢和行李舱

检查车厢或行李舱内撞击力造成的间接零件损伤。检查转向柱、仪表板、内板、座椅、座椅安全带以及其他内饰件上因驾驶员或货物而导致的损伤。

7. 检查车身下部

检查发动机润滑油、变速器油、制动液或散热器冷却液的泄漏情况。检查车身底部各部分的变形以及焊缝密封胶的剥落情况,如图 2-42 所示。

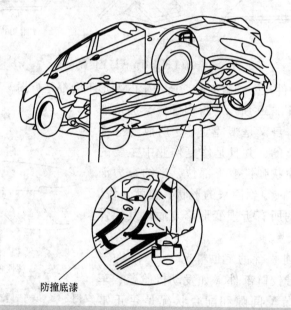

图 2-42 检查车身下部

8. 对前轮转向装置进行性能检查

转向性能检查结果可以用于分析车身、转向和悬架装置的故障,为测量和鉴别行驶装置的性能提供帮助。

1)转向操作装置的检查

转向盘中心位置的检查是指确定转向轮直行时转向盘中心位置是否在转向器分量的中心位置,并由此判断机件是否正常。检查时可按下面的方法操作:

(1)确定转向盘直行位置。

将前轮架起使其离开地面,转动转向盘并计量从一端转到另一端的总转动圈数,然后再将转向盘移回到总圈数 1/2 的位置。

(2)检查前轮是否处于直线行驶位置。

观察转向前轮所处位置,并依此做出相应分析。

如果转向盘在中心位置,并且两前轮均指向正前方,且车轮能够随转向盘的转动而自由摆动,则说明整个转向系统基本无损伤。

如果转向盘居中而车轮有明显偏离，或其中某一车轮偏离直线行驶方向，则说明转向操作系统有一定程度的损伤。

如果转向盘处于中间位置，而两前轮却没有指向正前方，并且不能随转向盘的操作而转动，则说明转向操作系统损伤严重。

2）转向器性能的检查

按下汽车前部或后部，给悬架加载然后迅速释放，同时观察转向器、转向器柱以及联动机构的技术状况。

（1）在转向盘居中位置做记号。

按前述方法使转向盘居中，用一块胶带在转向盘边缘上端做出中间位置标记。

（2）观察转向盘是否有运动。

在车前部连续做加载、释放的振动和回跳试验，同时观察转向盘的位置是否发生明显的移动或转动变化。如果转向盘在连续几次振动和回跳试验过程中有明显变化，则说明转向器或联动机构可能损坏，如图2-43所示。对此，需进一步检查。

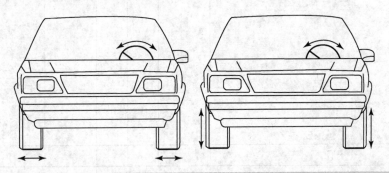

图2-43　两种快速检查方法

将转向盘放在左极限和右极限位置的中点，然后检查轮胎是否指向正前方，如果有一个没指向正前方则说明有损坏；从一个极限位置向另一个极限位置转动转向盘时，从车身前部观察，如果车身有轻微抬起和落下，则表明确有机械损坏。

3）前轮定位检查

如果经初步诊断前轮转向装置工作正常，有条件时还应进行前轮定位检查，以确认碰撞是否对前轮定位参数产生了不良影响。

9. 功能检查

如果一些机械零部件检查完好的话应进行功能检查。主要项目如下：

起动发动机，检查是否有异常的振动噪声或接触噪声；操作离合器、制动器、驻车制动杆以及换挡杆，检查车辆功能是否正常；检查电气系统的功能，其中包括灯光和附件的开关功能。

10. 主要尺寸的测量

检查评估汽车的损伤程度，用测量法检测是必不可少的手段之一，按维修手册给出的技术参数、测量车架、车身各指定部位点对点的距离，将测量结果与已知数据比较就可以确定损伤范围和方向，有助于对损伤程度进行判断。

11. 完成损伤检验报告

完成所有检查后应认真完成损伤检验报告，常见格式见表2-1。

损伤检验记录表　　　　　　　　　　　　　　　　　表2-1

用户姓名		联系电话		地址			进厂日期	
车型与厂家		车身类型		牌号			行驶里程	
车辆识别码		基本装备					存放位置	
保险公司名称		保险类型		保险协调员			联系电话	
预计作业项目及需要的零部件				预计涂装费用		预计零部件费用		预计工时费	
				数量	金额	数量	金额	数量	金额
合计									
附加说明				预算费用总计					
				其中包括	涂装费				
					零部件费用				
					工时费				
					管理费				
评估员			日期		税费				

三、评价反馈

1. 自我评价

(1) 通过本学习任务的学习你是否已经掌握以下内容：

①车身损伤检验的基本工作程序是什么？ _____
_____。

②车身碰撞的吸能区域是如何设计的？ _____
_____。

③承载式车身的碰撞损伤顺序是怎样的？ _____
_____。

④如何检验车身前端碰撞损伤？ _____
_____。

⑤如何通过检查构件之间的间隙来判断车身损伤？ _____
_____。

(2) 在检验车身损伤前，应对车辆及碰撞情况加以了解，都包括哪些内容？ _____
_____。

(3) 实训过程完成情况。

评价：_____
_____。

(4) 工作着装是否规范？

评价：_____
_____。

(5) 能否积极主动参与工作现场的清洁和整理工作？

评价：_____
_____。

(6) 在完成本学习任务的过程中，你是否主动帮助过其他同学？并是否和其他同学探讨过车身损伤检验的有关问题？具体问题是什么？结果是什么？ _____

（7）通过本学习任务的学习，你认为哪些方面还有待进一步改善、提高？_____
_____
_____。

签名：_____　____年____月____日

2. 小组评价

小组评价见表2-2。

小组评价　　　　　　　　　　　　　　　　　　　　　　　　表2-2

序号	评价项目	评价情况
1	学习态度是否积极主动	
2	是否服从教学安排	
3	是否达到全勤	
4	着装是否符合要求	
5	是否合理规范地使用仪器和设备	
6	是否按照安全和规范的规程操作	
7	是否遵守学习、实训场地的规章制度	
8	是否积极主动地和他人合作、探讨问题	
9	是否能保持学习、实训场地整洁	
10	团结协作情况	

参与评价的同学签名：_____　____年____月____日

3. 教师评价

_____
_____。

教师签名：_____　____年____月____日

学习任务3　事故车修复评估报告拟定

学习目标

1. 能根据车辆技术参数提出事故车检验项目的处理意见。
2. 能根据事故车检验项目的处理意见制定修理工艺流程。
3. 能根据实际情况正确编写事故车的修复评估报告。

任务描述

事故车辆的修复，通常都是要依靠汽车修理厂去完成。对于不同资质的汽车修理厂，由于设备、人员情况各不相同，所以他们所能够提供的维修服务和达到的维修质量标准也各不相同，所收取的服务费用也有较大差别，而最终对汽车维修的效果将产生重要的影响。只有掌握目前配件市场定价、维修厂具体情况、车身修理工艺和维修工时定额等相关内容，才能拟定一份让当事各方满意而且合理的事故车修复评估报告。

该学习任务力求通过事故轿车修复评估报告的拟定，使学生能对车辆技术参数进行分析比较，对事故车检验项目提出处理意见，制订修理工艺。

学习引导

事故车修复评估报告制订的学习路径：

事故车检验项目　⇒　车身修理工艺的确定　⇒　事故车修复评估报告

一、相 关 知 识

（一）车损评估报告的相关知识

1. 制定车损评估报告的原则

（1）事故车基本信息齐全准确。

（2）以汽车受损查勘记录表为基准，同时参照拆解中心对已损坏零件的确定，进行分项编制。在重大事故报告编制时，可采取文字记录与拍照结合的方法。

（3）相关零件的名称准确、规范。

（4）准确掌握损伤零件修与换的尺度。

2. 车损评估报告的内容

接车后准确地填写汽车受损记录表，按照要求编写报告。车损评估报告的内容应包括事故车基本信息、损伤零件编号或名称、数量、修理方式、材料费、维修工时及残值等相关信息。其中修理方式、维修费用的确定较为复杂，也是编制车损评估报告的关键内容。若事故重大的评估报告，也可采取分类、逐项进行编制，这样会使车损评估报告更完整准确。

3. 车损评估报告基本形式

各地区或各保险公司车损评估报告编写形式有所不同，但基本形式如表3-1所示。

车损评估报告示例　　　　　　　　　　　　　　　表3-1

车主：×××		牌照号码：辽A××××		事故日期：20080515	
厂牌型号：上海大众SVW7180GL1		车辆类型：轿车		结构特征：承载式车身	
颜色、漆种：红、双涂层烤漆		VIN：WVW77733ZTW*000000*			
序号	损失项目（零件编号、名称）	数量	修理方式	材料费	工时费	备注
0101	前保险杠	1	更换	340	0.5×80	
0102	前保险杠骨架	1	更换	90		
0201	前护栅	1	更换	60	0.2×80	
0202	前徽标	1	更换	13		
0301	事故处	0.2m²	喷涂		0.2×400	
材料费合计：503		材料管理费合计（12%）：60		工时费合计：136		
涂饰费：80（含税）		外加工费：0		税金：104		修理工期：
修理费总计（RMB）：捌佰捌拾叁元整				残值：伍元		

注：材料费来自当地配件市场零售价（正厂件）；材料管理费、税费率来自当地《汽车修理工时定额与收费标准》；残值来自当地废旧材料市场报价；工时及工时单价以当地《汽车修理工时定额与收费标准》为基准，参考当地维修行业平均水平合理确定；修理工期只有在承保了车辆停驶损失险时加以确定。

4. 制定车损评估报告时应注意的问题

在实际工作过程中,会出现各种复杂情况和问题,为了更好地解决问题,化解矛盾,维护事故车辆损伤判定检验的准确、合理性,不仅要掌握损伤检验的基本方法,还要掌握各种复杂情况和矛盾的处理方法。

1) 正视工时定额上存在的分歧

修理厂考虑到自身的经济效益,总是希望价格定得越高越好,有时修理厂为了扩大活源,往往同意保户的某些不合理要求。在确定工时费用时要处理好与保险公司的关系,当维修厂与保险公司在工时定额上出现分歧时,应采取如下方法:

(1) 确定工时在先、拆解车辆在后。

在初步拟订修理方案后,对工时费用部分应实行包干。因为一般大事故,往往需要分解检查后,才可能拿出准确的定损价格。遇此情况,不宜先分解,后定价,而应先谈妥修理工时费用后,再对事故车辆进行分解。

(2) 逐项核定工时,减少定价随意性。

确定工时费用时,可对事故车辆的作业项目按部位、项目进行工时分解,并逐项核定,减少确定工时的随意性,使工时核定更合理。

(3) 加强更换零件的核损工作。

确定工时费用后,要对事故车辆进行分解确定更换项目,对于价值较高的零件的更换,要加强监督检查,必要时运用检测设备,准确定损,减少定损的随意性。

2) 处理好与客户的关系

一些客户在车辆出事故后,对于损坏的零部件不论损坏程度轻重,不论是否达到更换程度,都要求更换。解决好此类问题的基本方法和原则是:

(1) 按损坏的零部件在车辆结构上所起的作用,以及修复后,对汽车原有技术性能及外观的影响进行说服工作。

(2) 加强零件的科学检测,减少定损的盲目性,以科学的检测数据来说服客户。

3) 定损时要认真、谨慎

对于重大事故,应避免在分解过程中有弄虚作假、以次充好,以及在分解过程中,有意扩大损坏部位,加大损坏程度等现象的发生。

对于特殊车型、配件奇缺的车辆,可在确定更换配件项目的前提下,先行安排其他项目的修复,避免因配件价格无法确定而延迟出单,延长修理时间。在车辆修复的同时,积极联系采购配件。对部分奇缺零件根本无法买到的,可采用加工制作方法解决。

(二) 车身修复方案相关知识

1. 制订车身修复方案的依据

1) 以车身损伤评估为依据

车身修复工作是以车辆碰撞后的实际损伤情况为依据的。不同的损伤类型需要使用不同的修理设备,采用不同的修理工艺。

轻微的损伤可以使用小型的修理设备,比较严重的损伤需要大型设备。涉及车身结构的损伤应进行车身结构的校正、调整甚至进行更换,而未涉及车身结构的损伤只要进行车身覆盖件的修理或更换即可。

针对不同的板材要采用不同的修理工艺,普通钢板、高强度钢板、铝板、复合材料的钣金整形都需要采用不同的修理工艺。

2)以参与车身修复人员的实际技术水平为依据

人是整个车身修复工作中最为重要的因素,车身修复人员的技术水平直接关系到车身修复质量的好坏,甚至关系到是否能够完成车身修复工作。

具有较丰富车身修复知识和经验的人员可以根据损伤的实际状况对碰撞车辆做出准确的损伤诊断,评估损伤的类型,并且选择相应的修理工艺,熟练地使用修理设备,对损伤车辆进行车身修复。而只具有较少车身维修知识或经验的人员就不能正确地诊断、评估碰撞损伤,同时其掌握的设备使用技术、熟练程度、操作经验较少,修理过程中很难达到工艺要求,且效率较低,影响修复工作的整体进度。这就要求在制定车身修复工艺过程中充分考虑参与修复工作人员的技术水平,合理配置人员,提高工作效率,保证工作质量。

3)以修理厂车身修复设备的实际状况为依据

车身修复设备的实际状况包括设备的形式、技术状况、数量。

设备的形式主要是指修复设备是否适合损伤车型的修理;测量系统是只有简单的直尺、卷尺,还是具备轨道式量规或电子测量系统,抑或定位测量系统;校正系统是地框式、台式、小型移动式或专用定位校正系统。比如地框式车身校正系统适合修理车架式车身及大型车辆;台式校正系统适合修理大多数的碰撞损伤;小型校正系统和移动式校正系统适合修理轻微碰撞所造成的损伤;专用定位校正系统适合单一品牌或单一车型的车身修复。

设备的技术状况主要是指设备的技术水平。测量系统是电子测量还是人工测量;焊接操作是用氧乙炔焊、电弧焊、气体保护焊,还是电阻点焊;钣金整形过程中是使用手锤加垫铁,还是使用介子机进行钣金整形;是否有电加热收火还是使用氧乙炔焰进行收火等。设备的技术水平越高,修复工作的效率越高,修复质量越好。

设备的数量是指在进行某一修复工作时可以同时使用的设备数量。当然,并不是所有的修理设备越多越好,这里主要是指常用的钣金设备,比如常用手工钣金工具(手锤、惯性锤、垫铁、各种匙形铁等)的数量、焊接设备的数量。充足的设备能够有效地提高工作效率,缩短工作周期。

4)以专业的车身修理手册为依据

专业的车身修理手册,尤其是生产厂家、修理行业协会所规定使用的针对某一车型车身的修理手册,在一定的意义上是车身修复的指导性文件。这对制订车身修复工艺产生决定性的作用。

5)以车身修复的预计成本为依据

每一个修理企业都应考虑维修成本的问题,维修成本在车身修复过程中是个不可回避的问题,不能片面地追求维修效果,而不考虑维修成本;或者片面地一切都以修理整形为主不进行部件的更换,而不考虑人工成本。

2. 制订车身修复方案的原则

1) 以尽量恢复或接近车身原来的安全设计要求为原则

汽车车身的安全设计要求包含很多方面,缓冲吸能区的设置、板材硬度的选择、板件焊接的形式等。如果在修理过程中破坏原有的安全设计要求,就会为修复后的车辆留下非常严重的安全隐患。

比如车辆车身前后缓冲吸能区的设置,是由预先设置的特殊结构和板材性质(硬度)来保证的。在碰撞发生后,这些构件会发生非常严重的变形。例如承载式车身的前纵梁,在较严重的正面碰撞之后,会产生褶皱收缩变形。车身修复过程中应在规定的区域进行切割,然后更换,而不允许进行加热牵拉。加热牵拉会改变原有的板材硬度,改变其力学性能,提高或降低前纵梁的整体硬度,从而改变其缓冲吸收撞击能量的能力。一旦碰撞再次发生,就会对车辆驾驶人员的安全造成很大威胁。因此必须严格按照修理手册中所规定的修复要求进行车身修复。

2) 以先进行车身结构校正,后进行车身覆盖件修复为原则

不论是承载式车身还是车架式车身,都是以基础结构作为车辆行驶稳定性和安全性保证的。如果没有对车身基础结构进行校正,而进行车身覆盖件的钣金整形和安装调整,会对车辆的行驶稳定性和安全性造成严重的破坏,从而影响车身修复的质量。

3) 以降低车身修复成本为原则

在车身修复过程中应充分考虑车身修复的维修成本,不断改进车身修复工艺、降低维修材料的消耗,合理安排车身修复工艺流程,提高工作效率。

3. 车身维修方式的选择

1) 汽车零部件修与换的原则

汽车零部件种类繁多,维修方法不尽相同。但事故车辆维修应掌握"以修为主、能修不换"的总原则,在实际定损过程中应灵活运用以下具体原则:

(1) 影响行车安全的零件必须更换。

为了保证汽车的使用安全,某些特定部件,如行驶系的车桥、悬架;转向系的所有零部件;制动系的所有零部件;安全气囊的所有部件等。这类部件在受到明显的机械性损伤后,从安全的角度出发,原则上都不允许再使用。

(2) 工艺上不可修复的零部件必须更换。

汽车上的某些零件,由于在工艺设计上存在着不可修复后再使用的特点,如胶贴的各种饰条、胶贴的风窗玻璃饰条、胶贴的门饰条、翼子板饰条等,这些零部件一旦被损坏或者拆卸后,往往就无法再使用。

(3) 结构上无法修复的零部件必须更换。

汽车上的某些零件,由于所采用原材料的缘故,发生碰撞故障后,一旦造成破损,一般无法进行维修,只能进行更换。脆性材料的零件,一般都具有这一特性,如汽车灯具的严重损毁,汽车玻璃的破碎等。

(4) 无修复价值的零件必须更换。

汽车发生事故后,从经济学的角度考虑,存在着一些基本没有修复价值的零部件,即修复费用接近或超过零部件原价值的零部件。一般价值较低的,修理费用应不高于新

件价格的30%；中等价值的，一般修理费用应不高于新件价格的50%；总成的修理费用，不可大于新件价格的80%。

(5) 不能重复使用的零件必须更换。

如油封、密封垫等拆解后必修更换。

(6) 更换件定损规格。

所有更换件定损规格不得高于原车事故前装配的品牌、规格。

(7) 零部件的使用寿命。

修理后零部件的使用寿命应能达到新件使用寿命的80%以上，且应能与整车的使用寿命相匹配。

以上原则要灵活掌握，例如，对大保户单位的车，考虑到扩展业务的需要，对外观部分可适当放宽换件标准。

2) 修换原则在具体车身维修方式选择时的应用

(1) 钣金件的修与换。

钣金件损坏以弯曲变形为主就进行修复；损坏以折曲变形为主则进行更换。

①弯曲变形（弹性变形）。损伤部位与非损伤部位过渡平滑、连续的，可通过拉拔校正使其恢复到事故前的形状，而不会留下永久性的变形。

②折曲变形（塑性变形）。对于弯曲变形剧烈，曲率半径小于3mm，通常在很短的长度上弯曲90°以上，校正后，零件上仍有明显的裂纹和开裂，或者出现永久变形带的，不经高温加热处理是不能恢复到事故前的形状的。

(2) 折曲变形（塑性变形）更换原则。

①如果损伤发生在平面内，校正工作则可能比发生在棱角处的严重起皱和折曲容易得多，但对于发生在轮廓分明的棱角处的折曲变形，则只能采用更换的方法，如车门玻璃框折曲。

②如果损伤部位处于纵梁的端部附近，而且压偏区并未受到影响或变形的范围不大，采用拉拔即可校正，不用更换；如果压偏区（吸收冲击力的压溃区）已出现折曲，并将碰撞力传递到后部，造成后部也变形，则必须予以更换。

③如果损伤位置在发动机或转向器的安装位置附近，其重复性载荷会造成疲劳破坏（重复振动力或应力会加重并产生二次变形），这些安装位置发生折曲变形后，则必须更换，如广州本田紧抱转向器的前桥发生折曲变形。

④由于冷加工硬化而造成的严重折叠起皱变形，则必须更换。

⑤在修复面中如果只有一个不能完全修复的轻微折曲变形，应采取挖补法修复。

⑥如果已经更换过某个配件一部分，而且希望再稍微多更换一点的，可将其连接的相邻部分也更换掉，在比较容易实施、费用也不大情况下，允许予以更换。

⑦在将变形周围部分均校正到适当尺寸，剩下折曲变形部分确实无法校正好，而且该部分形状复杂，无法采用挖补法修复的，则该部件应予以更换。

(3) 常见覆盖钣金件修换原则。

①前翼子板。

a) 损伤程度没有达到必须将其从车上拆下来才能修复，如整体形状完好，只是中部的局部凹陷，一般不考虑更换。

　　b）损伤程度达到必须将其从车上拆下来才能修复，并且前翼子板的材料价格低廉、有供货，而且材料价格达到或接近整形修复的工时费的，应考虑更换。

　　c）如果每米长度超过3个折曲、破裂变形或已无基准形状，应考虑更换。

　　d）如果每米长度不足3个折曲变形，且基准形状完好，则应考虑整形修复。

②车门。

　　a）对于门框产生的塑性变形，一般来说是无法修复的，应考虑更换。

　　b）许多汽车的车门面板是作为单独部件供应的，损坏后可单独更换，不必更换总成。

　　c）对于车门锁块或铰链处产生的塑性变形，由于有车门定位的要求，一般来说是无法修复的，应考虑更换。

③发动机罩和行李舱盖。

　　绝大多数的汽车发动机罩和行李舱盖，是由两块冲压成形的冷轧钢板经翻边胶粘制而成的。判断碰撞损伤变形的发动机罩或行李舱盖，是否要将两层分开进行修理，如果不需将两层分开也能修理，则应考虑维修；若需将两层分开整形修理，应首先考虑工时费加辅料与其价值的关系，如果工时费加辅料接近或超过其价值，则不应考虑修理，反之，应考虑修复。

④后翼子板。

　　碰撞损伤的汽车中最常见的不可拆卸件就是三厢车的后翼子板。由于更换需从车身上将其切割下来，如果汽车修理厂在切割和焊接设备和技术方面满足不了制造厂提出的工艺要求，就会造成车身结构方面新的修理损伤。所以，在设备和工艺水平有限的条件下，后翼子板只要有修理的可能都建议采取修理的方法修复，而不应像前翼子板那样存在值不值得修理的问题。如果汽车修理厂在切割和焊接设备和技术方面能够满足制造厂提出的工艺要求，对于严重损坏的后翼子板采取切割更换的维修方法，会大大节省工时。

（4）塑料件的修与换。

①价值较低的塑料件破损以更换为主。

②价值较高的塑料件，如保险杠裂纹小于100mm，孔洞直径小于30mm可采取修补的方法维修。

③塑料油箱损坏，由于会影响安全则必须更换。

④整体破碎以更换为主。

⑤对于尺寸较大的基础零件，受损以划痕、微裂、穿孔为主，且拆装困难、更换成本高的，以修理为主。

⑥表面无漆面，且不能使用氰基丙烯酸酯粘接修理的塑料零件的，如果表面光洁度要求高则一般以更换为主。

4. 车身修理方案的确定

　　在对车身损伤准确判断的基础上，即可确定修理方案。其主要内容包括以下几方面：

1) 确定需要拆卸的构件

在钣金修理过程中,时常需要拆下一些构件,其中一些构件拆下后修复更加方便,而另一些损伤构件需要拆下予以更换。

2) 确定需要更换的构件

损坏的车身构件是更换还是修复,判断的基本原则是:损坏形式以弯曲变形(弹性变形)为主就进行修复,以折曲变形(塑性变形)为主就进行更换。但在实际工作中,需考虑的因素还很多,如:损伤的车身构件是否有配件;构件的修复费用与新件价格的比对;损伤构件在车身上的装配关系和精确度(例如车门在车身上装配的精确度是比较高的,若车门损坏严重就应选择更换);车主的意愿等。

3) 制定钣金修复的工作程序

这是修理方案中最为重要的一部分内容。在制定具体的修复工作程序时,要考虑作业者的能力和水平,以及可使用的工具和设备等情况,要做到结合实际,方便可行。

4) 确定车身修理后的检查方法

车身修理后,还要对车身结构进行测量,确保车身变形全部得以修复。此外,根据损伤程度和部位,必要时还需进行其他方面的检查,如前轮定位的检查,密封性检查,转向系、传动系和行驶系统性能的检测等。

二、任务实施

（一）事故轿车车身的碰撞损伤检验与测量任务实施程序

任务实施程序如下：
(1) 填写初检交接单；
(2) 技术参数分析；
(3) 小组讨论事故车检验项目的处理意见；
(4) 小组讨论事故车修理工艺流程；
(5) 拟定事故车的修复评估报告。

（二）准备工作

(1) 前部碰撞变形的承载式轿车。
(2) 车身举升器、钢卷尺及必要的拆装工具。
(3) 安全防护用品：工作帽、工作服、安全鞋、棉手套、护耳器。
(4) 对应车型的维修手册。
(5) 纸、笔等记录用品。

（三）任务实施

拟定事故车的修复评估报告，首先应根据初检结果，填写初检交接单，内容与车损评估报告应一致，要求翔实、准确；根据事故车所对应车型的维修手册，分析车辆技术参数；讨论事故车检验项目的处理意见，提出相应的依据及改正方法，指导老师认可后，予以实施；讨论事故车修理工艺流程，根据相关知识，采用合理有效的修理工艺；综合事故车损伤分析、检验结果，以及相应的修理工艺，拟定事故车的修复评估报告。

三、评价反馈

1. 自我评价

（1）通过本学习任务的学习你是否已经掌握以下内容：

①车损评估报告制定的原则是什么，应包括哪些基本内容？_____
_____。

②制定车损评估报告时，应注意哪些问题？若出现问题应如何解决？_____
_____。

③车身修复方案制订的依据是什么？_____
_____。

④制定车身修复方案时应遵循哪些原则？_____
_____。

⑤车身修理方案包括哪些内容？_____
_____。

（2）制定事故车修复评估报告时，如何把握汽车零部件的修与换原则？_____
_____。

（3）实训过程完成情况。

评价：_____
_____。

（4）工作着装是否规范？

评价：_____
_____。

（5）能否积极主动参与工作现场的清洁和整理工作？

评价：_____
_____。

（6）在完成本学习任务的过程中，你是否主动帮助过其他同学？并和其他同学探讨事故车修复评估报告制定的有关问题？具体问题是什么？结果是什么？_____

_____。

(7) 通过本学习任务的学习,你认为哪些方面还有有待进一步改善、提高? _____
_____。

签名:_____ ____年____月____日

2. 小组评价

小组评价见表3-2。

小 组 评 价   表3-2

序号	评 价 项 目	评 价 情 况
1	学习态度是否积极主动	
2	是否服从教学安排	
3	是否达到全勤	
4	着装是否符合要求	
5	是否合理规范地使用仪器和设备	
6	是否按照安全和规范的规程操作	
7	是否遵守学习、实训场地的规章制度	
8	是否积极主动地和他人合作、探讨问题	
9	是否能保持学习、实训场地整洁	
10	团结协作情况	

参与评价的同学签名:_____ ____年____月____日

3. 教师评价

_____
_____。

教师签名:_____ ____年____月____日

学习任务 4　车身变形的校正作业

学习目标

通过本学习任务的完成，要求学生具备以下能力：

1. 能够正确使用校正技术资料和工量具；能够独立完成车身校正仪的安装、调试、常见故障的排除和日常维护作业项目。
2. 能够运用车身校正作业的知识，制定详细的校正作业程序并能独立操作实施。按照技术规范完成常见车身变形的校正作业项目。
3. 培养安全意识、质量监控和规范作业的意识。

任务描述

1. 通过一些常见校正作业项目，使学生能正确使用车身校正设备，按照技术规范完成作业内容，掌握车身校正作业工艺和方法，形成一定的车身校正技能，培养安全作业的意识。

2. 通过对一些常见故障的分析处理，培养学生从故障现象入手，分析判断故障原因和部位，正确排除故障的基本维修思路，并能正确维护校正设备。

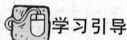学习引导

车身变形校正作业学习路径：

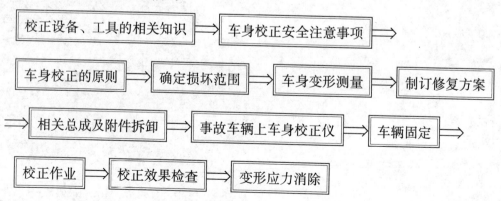

学习任务 4　车身变形的校正作业

一、相　关　知　识

（一）车身校正的重要性

车辆受到严重撞击后，车身的外覆盖件和结构件钢板都会发生变形。车身外覆盖件的损伤，可以用锤子、顶铁和外形修复机修理，但车身结构件的损伤，修理仅使用这些工具是无法完成的。车架式车身的车架和整体式车身的结构件是非常坚固的，强度非常高，对于这些部位的整形，必须利用车身校正仪的巨大液压力才能够进行修复操作。使用车身校正仪可以快速精确地修复这些变形损坏的构件。

车身的校正和拉伸过程，以前是靠人力来操作，是一种笨重的体力操作过程。现在人力已被巨大且平稳的液压力替代，使用现代化的车身校正设备进行车身维修操作，相对来说是比较容易的。

车身碰撞后，虽然被修复好，但如果用户仍抱怨轮胎磨损异常、偏向某一边，经检查就可能发现前翼子板的安装处有扩大的裂纹，甚至车门铰链上有扩大的裂缝。这很可能是车身变形所致。要把车身外面的这些缺陷完全修复好，往往还要花费大量的时间重新来排除车身内部的一些故障。不适当的车身和车架校正技术，是车身结构不能恢复到原来尺寸的主要原因。车身校正是一个非常重要的操作过程。车身校正工作的好坏，直接影响汽车的安全性、修复所用的时间以及整车的修理质量。

在车身校正时，消除由于碰撞而造成的车身和车架上的变形和应力也是非常重要的。并不是所有的变形部件都可以在校正后能继续使用，有些部件特别是用高强度钢和超高强度钢制造的部件，其变形后内部的应力相当大，而且用常规的方法无法完全消除这些应力，所以就不能校正而要更换。

（二）车身校正仪

过去，在我国的汽车修理行业中，对能承载式车身进行校正确实是比较困难的，主要原因就是缺乏有效的校正设备。车身修理人员常常用一些"土办法"对车身进行牵拉校正，例如将碰撞损坏的车身部分用铁链固定在大树或水泥桩上，用另一辆车将被修理的车向相反的方向拉，或用倒链滑轮将损坏的部分拉伸出来，同时配合加热和锤击整形等一系列的操作，大致将车身总体形状和尺寸进行恢复。有时还要将车辆解体，进行分整形后再组装。

这样做有很多缺陷，第一，由于牵拉方向的单一，不能保证每个损伤部位都是按照与破坏力相反的方向进行拉伸，因此整形的效果难以保证。由于牵拉作用点的固定，也不能保证"后进先出"的校正原则，其拉伸效果可想而知了。第二，牵拉过程中的校正尺寸难以保证，校正精度低，难免产生过拉伸等不正常的校正。第三，由于缺乏在损伤部位周围的有效固定，在拉伸时会将无需校正的部位拉变形，引起车辆的过度损坏。第四，整形操作复杂，需要多种整形方法并用，一是不能保证操作安全，二是不正确的加热操作会引起车身总体强度的降低。

虽然这种方法校正存在很多缺陷，有些甚至是在车身校正中必须避免的操作方式，但由于我国经济发展的不均衡，且有些修理厂的维修人员、管理人员等的基本观念和素质较低，因此仍有很多的修理厂家采用这种方法校正，其结果是修理质量低下，给人们的生命财产安全带来了极大的隐患。要很好地对车身进行校正，除了要有一定的操作工艺水平和掌握一定的科学维修方法外，还要具备良好的工具和设备。对整体承载式车身的校正一定要使用专用的校正设备和测量工具，才能保证修理校正的质量。

一般来说，车身校正设备应同时具备以下两个功能，才能做好车身的校正工作：第一，能够方便且有效地将车身或损伤部位周围进行固定，使车身在拉伸操作中处于稳定的状态。第二，能够实现对车身各个部位进行多方向的拉伸操作。许多车身维修设备厂家开发研制了各种针对承载式车身的校正设备，基本上都具有车身固定和多向牵拉等功能，有些设备还专门配备了测量系统用于拉伸操作时的尺寸控制和校正指导，多数拉伸设备仍需要与车身测量系统配合操作来控制校正尺寸。

目前，常见的车身校正系统主要有地框式校正系统、台架式车身校正系统和可移动的小型快速校正器等几类，分别适用于不同的场合。

1. 地框式校正系统

地框式校正系统是一种简易的车身校正系统，如图4-1所示，俗称"地八卦"。通用的地框式校正系统适用于车身损伤较小的情况。使用时，将车身用支撑架固定于地面上并用铁链与预埋的框架进行锚固，拉伸用的液力顶杆或加力塔架等也固定于预埋的地框中，这样就相当于地面就是一个巨大的车身校正台架。校正完毕后，将车身和液力顶杆等工具设备移开，地面仍是平整的，可以用于其他的操作，因此比较节省空间。

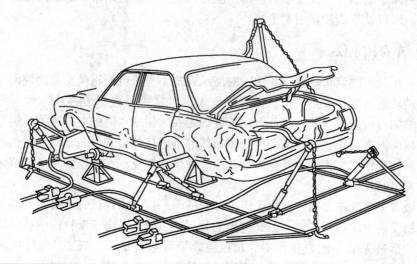

图4-1 地框式校正系统

地框式校正系统建设成本低，使用比较灵活，拉伸操作的工具设备简单并可以实现多点固定和多向的拉伸，因此操作简单，最大的优点是节省空间，在我国很多的车身修理车间被广泛应用。但地框式校正系统也有一些缺点，比如车身的位置相对过低而且不能上下移动，因此限制了某些操作；车身的固定使用支撑架，需要进行多点牵拉固定（如图4-2所示），相对来讲稳定性差一些等。但总的来讲使用性能仍然很好，尤其是对于较大的车辆，地框式校正系统更加经济和方便，如图4-3所示。

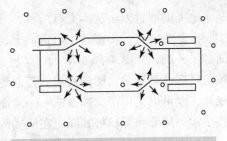

图4-2 支撑架固定力示意图

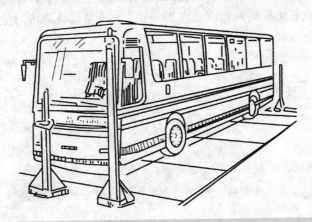

图4-3 利用地框式校正系统校正大型车辆

1）地框的结构

地框的设计可以根据场地的大小和主要维修的车辆来定。对于轿车的校正地框，由于轿车的体积较小，而且需要进行校正的部位和方向具有很大的不确定性，因此地框轨道要做得紧密一些，以利于实现多点多向的牵拉，如图4-4a）所示；对于大型车辆的校正地框，则可以做得大些，地框轨道的疏密程度根据需要来定，如图4-4 b）所示。

地框的轨道由两条开口相对竖向放置的槽钢形成，预埋在地面并用水泥浇筑固定，在地面上形成可以固定车身和拉伸设备的轨道系统。

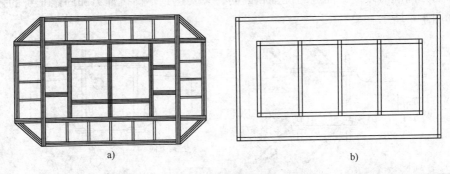

图4-4 地框结构
a）典型的轿车用校正地框结构；b）大型车的校正地框结构

地框的埋置方法基本上有两种，一种是用固定角钢焊接在形成轨道的槽钢的两侧和中间拼合成轨道，再将整个轨道埋于地面用水泥浇筑。浇筑完毕后，轨道的上平面与地面是平齐的，如图4-5a）所示。这种方法称为"地轨藏地法"，其特点是安装牢固，但须与厂房的基础建设同步完成。若原地面无轨道，则需要再行挖开预埋。如果不将地面挖开，也可以使用第二种方法——地面安装法。地面安装法即将形成轨道的槽钢两侧焊接角钢，用膨胀螺栓将其固定在坚实的水泥地面上，再在地轨周围浇筑水泥使轨道的上平面与水泥浇筑面平齐，形成一个车身整形平台，如图4-5b）所示。无论采用哪种方法固定，都需要保证固定的可靠性，使轨道的安装固定牢固。在修建地框时要考虑到地轨的清洁工作，因此在地框的四角应设立集尘盒，便于清理轨道内的尘土和污垢，如图4-5 c）所示。

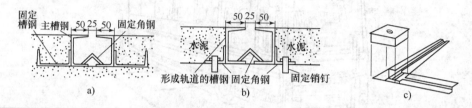

图4-5 地框的安装和设置（尺寸单位：cm）
a)地轨藏地法安装；b)地面安装法安装；c)地框四周的集尘盒

2）车身的固定

使用地框式车身校正系统时，车身的固定必须牢固可靠，不能在拉伸时产生移动或造成车身坠落。在进行车身固定操作时，要用千斤顶将车身同时或分别举升到一定的高度，用专用的支撑架进行夹持和支撑。支撑架的高度是可以调整的，支撑时务必将车底部4个主要支撑点的支撑架调整到相同的高度，这样才能使车身具备测量用的水平面，便于尺寸的测量。用支撑架将车身进行固定和支撑后，还要用专用的锚固链将支撑架固定在地框上，保证支撑架的稳固。采用几条锚固链将支撑架进行固定要根据拉伸作用力的大小和方向来确定，有时可能需要3~4条锚固链同时使用，但一般情况下可以根据拉伸力的方向随时改变锚固链的位置和方向，只要达到平衡拉伸力和固定车身的效果就好，如图4-6所示。

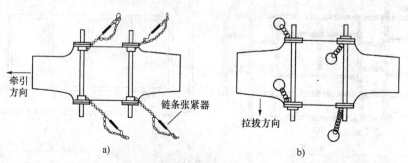

图4-6 用锚固链固定车辆支撑架
a)用向后的锚固平衡向前的拉伸力；b)用前后反向的锚固平衡扭转

常见的支撑架有带钳口的马凳和地框专用支撑钳架两种。带有钳口的马凳与一般支撑用的马凳形状基本一致，只是支撑柱上端有专门用于固定车身的虎钳口。支撑柱的高度可由支撑柱上的棘牙和支座上可活动的固定齿来调整，虎钳口用螺栓固定并产生夹持力。使用时，一般将支撑前部或支撑后部的两个支撑架用一根横管进行联固，起到平衡两侧支撑力的作用。横管由支撑架支撑并用来自几个方向的链条固定在地框上，如图4-7所示。带有钳口的支撑马凳使用比较灵活，它可以在地框上的任意位置使用，不需要车身相对于地框有准确的位置。

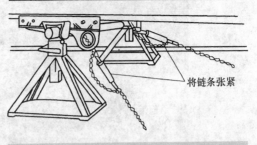

图4-7 用带有虎钳口的马凳固定车身

专用支撑架与带钳口的支撑架相似，支撑柱上有虎钳口用来固定车身，支撑柱与支撑座用矩形螺纹调节高度，支撑座用楔形铁块固定在地轨上。专用支撑架由于直接通过楔形垫块与地轨进行固定，因此不需要额外地固定锚链，支撑工作比较容易操作，但要求车辆的停放位置准确，要正好在地轨上方，如果地轨的宽度和车身的宽度出入较大，使用起来就不是很方便。

2. 台架式校正系统

台架式校正系统是应用比较广泛的另一种车身校正系统，有具有工作平台的平台式车身校正器（如图4-8所示）和没有平台的组合框架式车身校正器（如图4-9所示）两个大的类型，虽然根据生产厂家的不同设计，其结构也有较大的差异，但总体的功能上是大致相同的。与其他类型的车身校正设备比较，台架式校正系统主要的特点是：

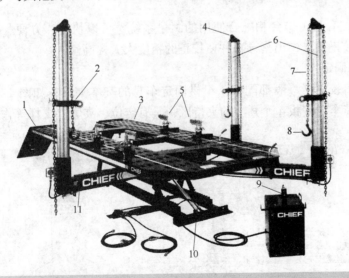

图4-8 平台式车身校正器
1-斜坡；2-可调高度的套圈；3-校正架；4-液压顶杆；5-主夹钳；6-拉塔；7-拉伸链；
8-拉伸钩；9-控制面板；10-液压举升机；11-拉塔旋转臂

图 4-9　组合框架式车身校正器

（1）具有供车辆固定的可以进行升降的专用平台或校正架，利于车辆的上下和车身各个部位的修整工作。车辆正确固定后无需再次调整水平，台架的工作面即为水平标准面。

（2）配备可以围绕工作平台进行 360°位置安装的拉塔，能实现对车辆全方位的拉伸操作。

（3）配有专门用于车身固定和拉伸使用的夹持具，车身固定工作简单，拉伸容易实现。

（4）通常配有与工作台相配合使用的测量系统，可以快速、方便、准确地测量车身的形变，对校正操作作出指导，并使校正的精度大大提高。

1）车辆的固定

台架式车身校正器一般都配有 4 组供固定车身的基本夹具，如图 4-10 所示。这 4 组夹具分别夹持车身底板 4 个角上的夹持区，具有定位、夹紧、支撑等作用，其高度一

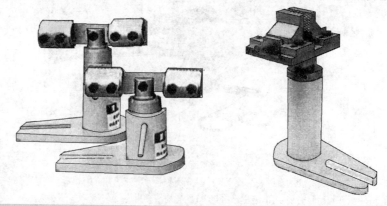

图 4-10　工作平台上的车身专用夹具

一般都是可以调整的，用来调整车辆的水平标准面，并可以根据所固定车辆要求的固定方式进行组合，适应性很强。

车身上基本夹具安装的区域称为车辆的控制区，一般都是车厢下部比较不容易变形的部位，并得到特殊的加强。绝大多数车辆的夹持控制区都是门槛板与主车地板的裙边，但也有一些车辆（如奔驰和本田）采用的是在车门槛板下部开孔。根据不同车身要求的固定位置和固定方式，每一种车身校正器都配有专门的组合夹具。

夹具能够提供的夹持力非常大，当需要对车身底板部位进行校正时，应必须找到4个基本控制支撑点。这些支撑夹具甚至可以作为钣金整形工具，起到拉伸的作用。

当利用基本夹具进行车身固定时，要注意以下事项：

（1）根据待修车辆的损坏程度和部位，确定车辆在台架上的位置，在拉塔与车身之间，至少要保留500～700mm的拉伸空间。

（2）根据车身尺寸图，确定需要夹持的部位，并正确选择和组合夹持工具。

（3）在车辆处于举升状态时，摆好4个夹具的位置，此时，虎钳口和夹具与校正台架的固定螺栓都要松开，以利于调整夹具的位置。

（4）落下车辆时，要保证车辆的夹持控制点顺利进入钳口，当4个钳口都与车身配合好后，首先固定车身，然后才能固定夹具与校正台架的紧固螺栓。

（5）在夹持固定过程中，要防止车辆发生打滑和坠落，做好安全防范工作。

2）拉塔的安装

与校正平台相配套的拉塔有固定塔臂式和活动塔臂式两种，无论是什么形式的拉塔，这两种拉塔的工作原理都是利用气动液压缸来驱动的。

活动塔臂式拉塔在液压缸的驱动下，塔臂摆动产生拉力，原理与三点式液压顶杆系统相同，实际上就是一个变形的三点式液压顶杆系统。由于塔臂的运动轨迹是一个弧线，所以在拉伸时拉伸力的方向实际上是在不断变化的，但对于较小行程的拉伸而言，其近似是一个直线，对拉伸的效果没有影响。主拉塔顶臂可以进行上下倾斜30°移动，拉塔可以进行左右180°旋转，塔柱可以进行左右80°摆动，以更好地适应需要拉伸的部位，如图4-11所示。

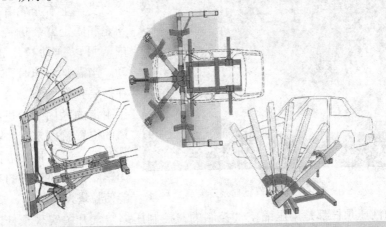

图4-11 活动臂式拉塔

固定塔臂式的拉塔可以通过塔臂下部的支撑杆与角轮和校正器的台架相连接，并可以围绕校正台架做360°的旋转，拉塔是一个竖直放置的液压缸，拉伸链通过导向轮与拉塔上部可活动的塔臂顶部相固定。当液压缸伸张，塔臂顶部被顶起时，拉伸链就沿着车身固定点与塔臂上的导向轮的直线方向产生拉伸力，达到拉伸的目的。固定塔臂的拉塔不能作摆动（图4-12），但拉伸的方向始终保持直线，对控制拉伸作用点的位移比较有

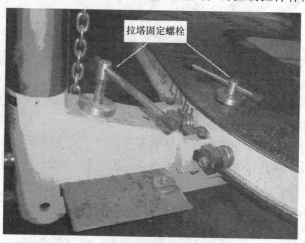

图4-12　固定式拉塔臂

帮助。调整导向轮的高度可以调节拉伸力的上下方向，左右移动塔臂可以调整拉伸力的左右方向，如此就可以实现任意方向的拉伸。但有一点要注意，在拉伸操作时，塔臂必须固定，而导向轮与塔柱的固定螺栓应该是放松的（图4-13），导向轮只能使用导向轮固定环与塔柱的自锁来完成导向定位，而不能靠固定螺栓来固定。使用时，一定要将导向轮的高度调整合适，一般应是其处于拉伸部位以上80mm的位置。

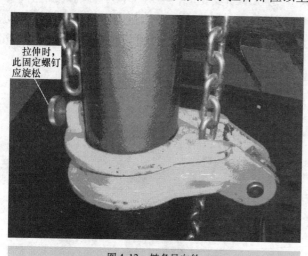

图4-13　链条导向轮

拉塔与校正台架的安装很容易，在校正台架的边缘上都开有专门用于安装拉塔的轨道槽，拉塔的支架上有角轮和固定臂，将角轮和固定臂装进台架的轨道槽内就可以推动拉塔沿轨道槽运动。当需要拉伸时，将拉塔摆放在需要拉伸的车身旁，将固定臂用附带的紧固螺栓进行固定，拉塔的位置就固定了。在拉伸时要注意，一定要将拉塔的固定臂紧固牢靠，否则巨大的拉伸力有可能使拉塔发生移动，造成危险。

拉塔的液压顶杆都是用压缩空气控制的，控制压缩空气开关实现顶杆的伸张与回缩，使用时，需要将压缩空气控制开关的空气软管与液压顶杆的空气接头连接，不使用

时,一定要将压缩空气接头拆下。

拉伸铁链的安装也比较简单。对于活动臂式的拉塔,塔臂的背面都有锯齿状的齿牙,是为在不同高度位置上固定铁链而设计的。在拉伸时,将铁链的一端与车身上的拉钩或夹具固定好,余下的部分要拉直,选择适当高度的齿牙,绕过塔臂用拉钩将拉链多余的一段与产生拉伸力的一段固定好即可。对于固定式塔臂,塔臂顶端的"圆帽子"的后部有一个豁口,是专门用于固定锁链的,使用时将锁链一端与车身的拉钩或夹具固定好,另一端穿过导向轮后引到塔臂顶端的帽子上,圆帽子中心有一道凹槽,是专供锁链通过的,将锁链拉直,通过帽子顶端后卡入帽子后部的豁口中即可。

固定拉链时,一定要在没有拉伸之前就将拉链收到最紧的位置,且不能有缠绕及扭转,否则会造成塔臂运动了很多还没有产生足够的拉伸效果。调整时,要以45°角拉链条,否则链条无法滑动。拉伸操作时,当拉塔油缸内的位置警示标线露出时,则要将油缸卸压后重新调整链条长度,否则,将会损坏拉塔油缸。铁链的选择要合适,有时宁可长一些也尽量避免用两根短链相接的方法接长。

3. 小型快速校正系统

对于车身校正设备来说,怎样使车身的固定更加方便和稳固,怎样能使拉伸校正工作更加容易进行是一个重要的课题。尤其是对于不太重的损伤,如果将车身固定在大型的校正台架上是比较麻烦的,需要做的辅助工作太多,设备的功能也得不到充分的发挥,操作人员也不愿进行这样的操作。

针对这种情况,很多厂家开发制造了一些小型的简易的车身校正系统用于车身不太复杂的拉伸校正工作,其最大的特点是灵活、方便,在对车身需要校正的部位进行固定的同时,又能实现拉伸操作,而且使用简便,不占空间,因此一经推出就受到广泛地关注和欢迎。

图 4-14 所示为国外某公司制造的小型车身校正设备,它是一种利用类似于地框式支撑架的支撑装置来固定车身,拉塔支座与车身支撑架相连接起到固定的作用。这种设备的拉塔也同样可以摆动,但由于必须依靠车身的支撑架来进行拉塔的固定,因此限制了它的灵活性。

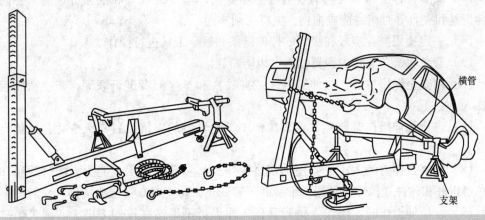

图 4-14 与车身支撑架配合使用的小型快速校正设备

有些快速校正设备的活动式塔臂带有活动支座,它可以自行移动,在塔臂支座的前端安装有固定车身的钳口,使用时将钳口夹持住车身的控制区。由于夹持必须是在车身的控制区,所以自行塔臂可以相对于支撑钳臂做很大角度的摆动,以适应车身需要拉伸的不同部位,塔臂本身也可以在与拉伸方向垂直面上做180°的摆动,因此更增加了该种设备的使用功效。

小型快速校正系统适应能力强,几乎可用于车身上的各个方位,并可以与多种其他校正系统和设备共同配合使用,来达到更好的使用效果,因此应用非常广泛。

(三) 车身校正专用夹具及使用

车身的碰撞变形是复杂的,在进行拉伸校正操作时,将拉伸力作用于需要的作用点,要借助于各种夹具来实现。各个车身校正设备生产厂家都有与其拉伸校正设备配套的各种夹具和拉伸工具,这些夹具和工具有相当一部分是针对于车身上的特别结构而设计的,如针对翼子板内板的前减振器座而专门设计的拉伸夹持工具等,使用非常方便。但多数夹具和工具都是可以在一定的使用范围内通用或组合的,在使用中,车身修理人员完全可以根据当时的需要,创造性地使用这些工具和夹具。这要求修理人员应熟悉各种钣金工具、夹具的功能和承载能力,对车身的构造和拉伸校正力的大小和方向等也要做到心中有数。

1. 钣金工具使用的安全事项

使用钣金工具和夹具对车身进行拉伸校正首先要注意的问题是安全操作,任何不当的操作都有可能造成工具设备的损坏、车身校正的失败甚至人身安全的损失,因此在车身校正中一定要注意以下的问题:

(1) 根据拉伸工具和夹具等设备的使用规范和承载能力,正确、合理地选用和组合拉伸工具和夹具等设备,并对车身做好防护,杜绝安全隐患。

(2) 使用拉伸工具设备时和拆卸工具后都要确保工具设备的干净清洁,不要留有油污和脏物等影响夹持效果的污渍。

(3) 安装拉伸工具、夹具时,应注意不要损坏车身的电气和油路等设施,并防止拉伸工具和夹具等对车身造成损伤,夹持必须牢固可靠。

(4) 一定要用推荐型号和级别的拉伸链条和钣金工具进行操作。

(5) 避免将链条缠在尖锐器物上,以防断裂。

(6) 用安全绳将拉链、拉伸工具(或夹具)和车身三者进行联固,防止滑脱后飞出伤人。

(7) 进行拉伸操作时要经常观察拉伸工具和设备的夹持位置有无变化,避免产生滑脱。

(8) 控制拉伸力的大小,勿使其超过拉伸工具和设备的承载能力。随时观察和注意车身板件和构件在拉伸时的局部形变和声音变化,防止对车身造成损伤。

(9) 在拉伸操作时,操作人员和其他工作人员不得站在拉伸方向上。因为当链条断裂、夹钳滑落、钢板撕断时,极易伤害操作人员。

2. 拉伸工具和夹具的使用

每一种车身校正系统都会配备拉伸工具、拉钩、夹持具和各种专用工具等。各个车身校正设备制造厂家一般都配有各种钣金工具的推荐使用图表,供工作人员在修理操作中参考使用。但这并不限制车身修理人员创造性地使用这些工具和设备,只要运用合理,搭配得当,用于其他相应的位置同样可以起到很好的校正效果。

下面就几种常见的工具、夹具的使用位置和功能及承载能力等作简单介绍。

1)夹钳

拉伸校正用夹钳的主要作用是夹持住车身的拉拔点,使链条的拉力作用于需要进行拉伸的部位。夹钳根据车身不同部位的结构特点并结合拉伸的需要有不同的设计,在使用时可以灵活选用。

夹钳的不同设计用途主要体现在钳口的宽度和钳身的厚度上,但使用的部位基本上都是车身具有焊接翻边等天然的可供夹持的部位。钳口比较扁平、钳身较薄的轻型夹钳适合于车身比较轻薄的部位的拉伸夹持,由于它们的体积小,使用比较灵活,承载能力多在 30 kN 左右。钳身厚重的夹钳承载能力也相应地大些,可达 50~60 kN,基本上钳身越厚重、钳口越宽大的夹钳承载能力越大,多用于车身底部裙边、车身梁柱等需要较大的拉伸力的场合。图 4-15 所示为几种常见的夹钳。

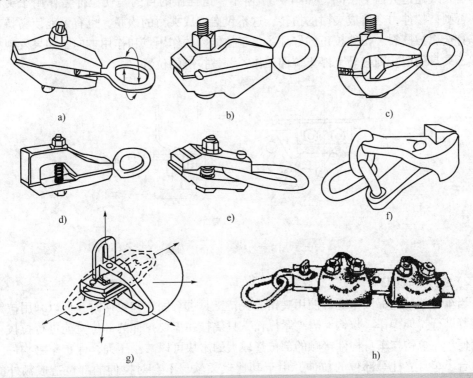

图 4-15 拉伸校正常用的夹钳
a)扁口自紧夹钳;b)重型夹钳;c)C 形夹钳;d)深槽自紧夹钳;e)小型夹具;f)剪口夹钳;
g)多向拉伸夹具;h)车身裙边夹具

有些夹钳具有自紧功能,即随着拉伸力的增加,钳口的加紧力也逐渐地增大,可以避免产生松脱,自紧的基本原理就是杠杆原理,如图4-16所示。然而,不能因为自紧夹钳具有自紧功能就忽视其锁紧螺栓的固定和夹持,单纯靠自紧是不能产生很大的夹持力的。图4-15f)所示的剪式自紧夹钳,完全靠拉伸时的自紧力完成夹持,其承载能力大约在20kN。

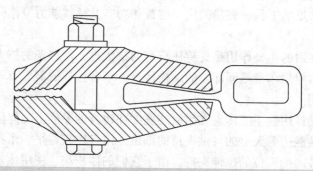

图4-16 自紧式夹钳的自紧原理

拉伸操作时夹钳的安装要尽量紧固。同时,也要注意拉伸力的方向,必须使拉力方向的延长线通过夹齿的中间,如图4-17所示。这样做的目的是使拉伸力作用于夹持点上,否则,拉伸力会造成夹钳的扭转,这不仅会造成夹钳的松脱,也有可能使夹持部分的车身金属被撕裂。拉伸校正的好坏决定于拉伸力的作用点和作用方向,如果发现拉伸造成了夹具的扭转则应马上停止拉伸工作,调整拉链的位置。

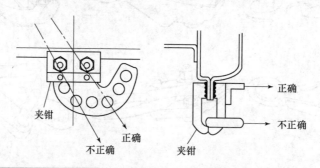

图4-17 调整拉链到正确的拉伸方向

2)拉钩和拉带

当车身的某些部位不适合使用夹钳等夹持工具进行固定和拉伸时,可以采用拉钩和拉带等进行拉伸操作。拉钩无需夹紧操作,只要挂在需要拉伸的部位就能进行拉拔,使用简便。在拉钩与车身构件接触的部位垫较大的木块可以减小压强,保护车身构件。拉带适合于车身立柱等部位的拉伸,由于其比较柔软,不会对拉伸的部位造成额外的损伤,其承载能力也不小,可以达到50kN。图4-18所示为常用的拉钩和拉带。

大力拉钩可以对前围板、前罩板、仪表板周围、车门、后备箱等较深的部位进行拉伸,最大负荷为50kN。

大型直角拉钩可以快速安装在车身的纵梁、横梁等部位进行大力的拉伸操作,其承

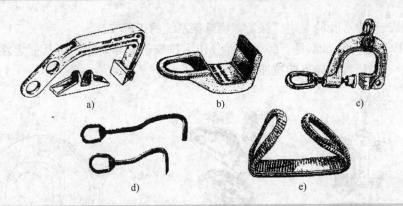

图 4-18 常用的拉钩和拉带
a)大力深拉钩；b)大力直角拉钩；c)多向可加紧拉钩；d)轻型拉钩；e)尼龙拉带

载能力为70kN。

多向拉钩既有对较深部位的拉拔功能，也有一定的夹持能力。在夹持状态下，可以进行多角度的拉伸操作，最大承载为50kN。

轻型拉钩适合于对车身上的孔或缝隙较小的箱型板件进行拉伸，承载能力为20kN。

3) 链条和链条连接工具

在拉伸操作中，解决好链条和链条的连接，问题是非常重要的，不仅涉及拉伸的效果，更主要的是涉及安全问题。

拉伸用的链条是专用的链条，其最大承载能力为80kN，一般普通的链条不能用于车身的拉伸校正。

为了更方便地将链条与夹具固定或调整链条的长度，在车身校正工具设备中还专门制造了链条连接拉钩、链条连接器等专用工具，如图4-19所示。

链条连接拉钩可以将链条快速地与夹持工具进行连接和拆卸，使用方便。对于不同型号的链条可以配备不同规格的连接拉钩，最大负荷为50kN。

链条连接器可以将两条较短的链条进行连接，使其达到要求的长度，也可以将较长的链条缩短到要求的有效长度。

4) 其他工具

除了以上所介绍的常用工具种类外，车身校正设备制造厂家还有许多专门用于特定场合的专用工具和其他的常用工具等。

图4-20所示为减振器座专用拉伸工具。这种专用的拉伸工具可以很方便地安装在车辆的减振器支座上，并能够全方位地对碰撞后的减振器支座进行校正，更有效地

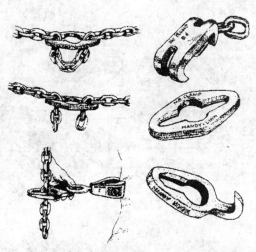

图4-19 链条固定和连接工具及其应用

保证减振器支座中心孔的对中，保证车辆悬架系统的正确安装。

图 4-21 所示为针对车身下部底板部分作下拉校正的导向轮，将其固定在校正器的工作平台上，可以实现向下的拉伸操作。

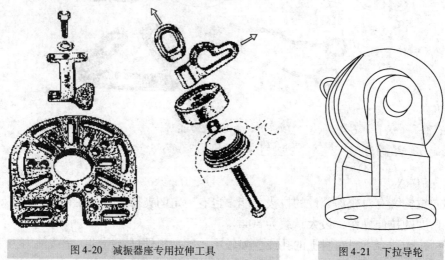

图 4-20　减振器座专用拉伸工具　　　　　　图 4-21　下拉导轮

图 4-22 所示为快速拉板，由于板上有许多直径不同的孔，因此可以很方便地将其固定在车身连接的螺栓部位，以实现对这些部位的拉伸。

图 4-22　快速拉板

图 4-23 所示为螺旋撑拉工具，它利用螺纹产生较大的拉伸和伸张力对车身进行校正，用于不方便使用液压顶拉装置的部位，使用非常方便。

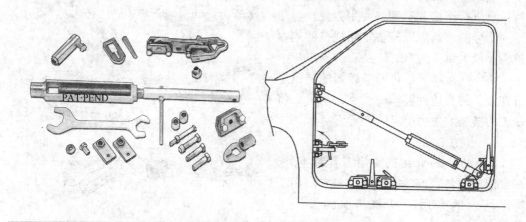

图 4-23　螺旋撑拉工具

用于车身校正的工具设备很多，这里不再一一介绍。对于钣金工具的利用要熟知其用途和特点，在工作中要发挥想象力和创造力，使其功能能够充分的利用，这样才能做好车身整形校正工作。有时车身校正人员可以自行设计和制造一些实用的工具和设备，使车身校正工作更加顺利和方便。

（四）三点式液压牵拉设备及使用

在车身变形的校正工作中，拉伸操作是最为常用的。使用车身校正台架等校正设备进行校正，主要是应用台架附带的拉塔来完成。当需要进行多点多向牵拉时，就需要配备若干个拉塔。由于拉塔的购置费用很高，而且在拉伸校正台架上固定几个拉塔也不是常见的。因此，多数情况下，修理厂家多采用三点式液压顶杆配合拉塔等进行校正工作。对于地框式车身校正系统因无移动拉塔，则必须配备多组三点式液力顶杆系统，如图 4-24 所示。

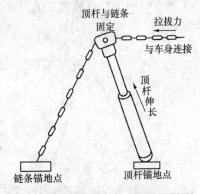

图 4-24 三点式液压顶杆系统

三点式液力顶杆系统是用于车身拉伸校正的拉伸设备，它安装和使用简便，价格便宜，多组三点式液力顶杆系统共同使用可以起到多点多向拉伸的效果。

三点式液力顶杆系统的拉伸力由液力顶杆提供，用压缩空气开关控制压力顶杆的伸长与回缩，在液压缸伸张时可以产生 50~100kN 的拉伸力。液力顶杆的尾端通过球头与固定在校正平台上的支撑座相连，球头可以使顶杆在一定的范围内实现万向运动。与顶杆的头部相连的铁链分为两部分，与校正平台相连接的部分长度不可变，主要起固定和导向的作用；与车身需要拉伸部位相连的部分为拉伸链，与夹持在车身校正部位的夹具固定在一起。当液力顶杆伸长时，由于固定链的长度不变，因此顶杆的头部就沿以固定链的固定端为圆心，以固定链的长度为半径的圆作为运动轨迹，将拉伸链向外拉伸，达到校正车身的目的。

三点式液压顶杆系统在使用上有一定的要求和使用技巧，下面介绍一下使用液压顶杆对车身进行校正的方法和使用技巧。

1. 链条与顶杆的位置关系

在牵拉过程中，为了防止固定链与地面锚固点过载和为控制拉伸的方向，拉伸工作要伴随校正部位的测量一点一点地进行，并不断调整固定的位置和拉伸的方向。在安装拉伸装置时，要掌握好链条和液压撑杆的角度，两链条被撑杆顶起所呈的角度必须是钝角，这样才能保证顶杆机构的稳定。当顶杆伸长，两链条所呈的角度达到直角时，即使顶杆仍有较大的升程也应当放松顶杆并重新调整固定链条的锚固位置，然后再开始新的拉伸。当顶杆伸长使两链条的夹角变成锐角时，是绝对不能继续撑拉的，因为此时顶杆机构已经处于非常不稳定的阶段，有可能因失稳而造成危险，如图 4-25 所示。

在进行拉伸操作时，首先要找到一个拉伸方向的参考点。拉伸参考点的选择在拉伸工作中非常重要，如果选择不当就可能造成过度拉伸。使用三点式液压顶杆系统在拉伸的过程中拉伸力的方向始终是在变化的,虽然活动臂式的液压拉塔也是同样的拉伸原理,拉伸力的方向也是在变化,但因为活动塔臂的长度大,拉伸力近似是一条直线,对拉伸方向的影响不大。但三点式顶杆系统的顶杆长度小,拉伸力的变化幅度要大很多,对拉伸的影响就很大了。因此要保证拉伸力始终朝向拉伸校正所希望的方向就要正确安装拉伸系统,将参考点的方向调整到撑杆的拉伸初始点和拉伸最高点(链条呈直角的点)的中间方向,并保证顶杆有足够的行程。当顶杆运动到越过最高点时,拉伸力的方向又会逐渐向下,背离预计的拉伸方向,所以这也是不能使拉伸链和固定链呈锐角的一个原因。

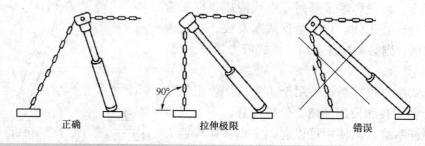

图4-25 三点式液压顶杆系统的位置

2. 合理搭配顶杆附件

顶杆系统对车身拉伸的动力来自液压缸,常用的顶杆系统液压缸可以提供50~100kN的力,行程有150~250mm等多种。当顶杆作撑顶工作时,一部分的油缸行程要消耗在张紧链条上,为充分利用液压缸的有效行程,提高工作效率,在安装时要尽量将链条拉紧,另外还需要正确使用顶杆系统的附件。

如图4-26所示,在固定链的锚固点安装滑轮可以使链条的调整更加方便,为了实现高位的拉伸,常采用在顶杆上加接长套管。这些都是液压顶杆系统的附件,充分利用这些附件可以更好地进行拉伸操作。

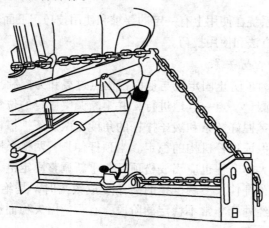

图4-26 固定链脚安装滑轮有利于调整链条长度

3. 用三点式顶杆系统做单向拉伸

使用三点式顶杆系统几乎可以实现车身各个方向的牵拉，有时还可以利用顶杆的推力实现车身某些部位的顶压操作，使用非常方便。下面就简单介绍几种方向的拉伸和顶压的实例以供参考。在实际工作中常会遇到很多不同的问题，这就需要操作者充分发挥想象力和创造力，利用各种附件和其他工具设备，更有效率地完成拉伸工作。

1）水平牵拉

将顶杆系统按如图 4-27 所示的方法进行安装就可以实现水平方向的拉伸操作。链条与顶杆的安装应按照上面所述那样，既照顾到拉伸方向的参考点又要考虑到整体的稳定性。

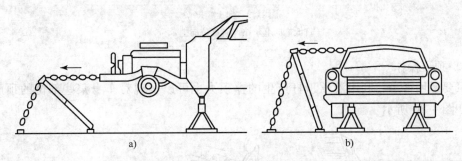

图 4-27 水平牵拉
a) 低位水平牵拉；b) 高位水平牵拉

2）向下牵拉

当顶杆与固定链的连接点低于拉伸力的作用点时，可以产生向斜下方的拉伸力，实现向下的牵拉，如图 4-28a）所示。也可以像如图 4-28b）所示的那样，利用一根附加的链条或固定在地面的导向轮实现垂直向下的拉伸。

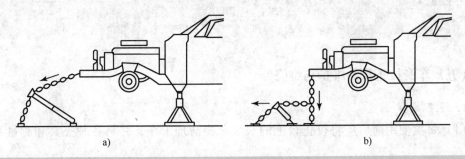

图 4-28 向下拉伸
a) 向斜下拉伸；b) 垂直向下拉伸

3）向上的牵拉

如图 4-29 所示，顶杆几乎垂直的安装为的是可以产生向上的拉伸力。但由三点式顶杆系统的几何关系决定了，如不借助其他可固定物体的帮助，基本上不可能实现垂直向上的拉伸力。另外要注意的是：采用这种方法进行向上的拉伸时，顶杆系统的稳定性非常差,不可用过大的拉伸力,有时还需要在顶杆两侧加辅助固定链条防止失稳。

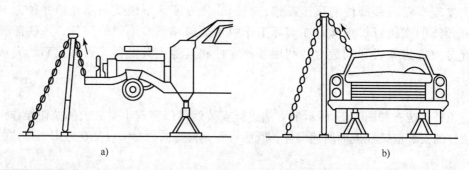

图 4-29　向上牵拉
a)低位向上牵拉；b)高位向上牵拉

4）顶压操作

只要运用得当,利用液压顶杆产生的撑顶力也可以实现对车身某些部位的顶压校正,如图 4-30 所示。

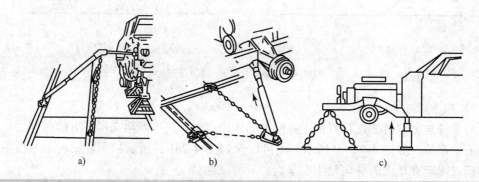

图 4-30　顶压操作
a)车身侧面的推挤；b)向上推挤；c)利用千斤顶向上推挤

（五）车身校正仪的维护与维修

1. 设备维护

（1）每次使用前后应将校正台上的灰尘杂物清理干净,并将各种夹具和测量系统放好。

为了避免人身伤害和设备损坏,禁止如下操作：

① 在没有展开链条上的扭转、缠绕时进行拉伸。

② 在拉伸过程中加垫或钩住链条。

③ 敲击工作中的链条拉钩。

（2）使用前检查塔柱、链条,将链条擦干净,检查链条每一环,看有无严重磨损或弯曲。

(3) 为了延长使用频率较大的螺栓、螺母（如夹具上的螺栓和螺母）的寿命，应经常使用润滑油对其润滑。

(4) 塔柱顶帽必须每 6 个月润滑一次，使用 BGSS2000 锂基润滑脂，方法如下：

①将链条取下，然后将拉塔顶帽从塔柱中取下。

②清洁塔柱顶帽。

③清洁并润滑柱管内壁。

④重新组装。

(5) 塔柱环套、链轮每 2 个月润滑一次，清洁轮轴处的污物及多余润滑脂。

(6) 活动支腿转轴每 2 个月润滑一次。

(7) 挂式拉塔、滚轮各轴每 1 个月润滑一次。

(8) 检查钣金工具及附件，有无裂纹、变细或开焊的现象，注意更换维修。

2. 液压件的维护

设备配备的液压件是整套设备提供动力的核心部分，请严格按照保养要求以延长使用寿命。

1) 使用前的注意事项 在使用液压系统前注意：

(1) 检查所有的连接是否紧固无泄漏，特别是快速接头处。在系统打压后，将不能用手来拧紧接头，更不能用工具，否则将损坏接头。

(2) 将系统中的空气排出。

(3) 检查油箱的液位，将油加至所指示的位置，应在所有油缸都缩回时加油。如果在加油时油缸没有缩回，当缩回油缸时油箱将溢流或产生内部压力，损坏系统。

(4) 不要抓住软管来提拉设备。

2) 排出系统中的空气

(1) 系统中有无空气的判断：若液压系统工作连续平稳，每个油缸都均匀地上升，则说明系统正常；如果油缸运动不稳或爬行，说明系统中可能有空气。

(2) 排出系统中的空气：打开泵的放气阀，将油缸全行程伸缩 3~5 次即可。

3. 液压系统的使用及常见问题处理

1) 气动泵、手动泵的使用

(1) 油箱内油量不足，按指示加注适量液压油。

(2) 溢流阀过松，调节溢流阀（在专业人员指导下进行）。

2) 快速接头的调节

(1) 检查公接头、母接头是否连接并拧紧。

(2) 如油路压力油不能回泵，检查是否缸的行程超过限度，应松开接头与油缸连接，使缸内压降低，实现油缸回复。

(3) 如接头处漏油，应检查公、母接头的密封圈是否损坏。

3) 换液压油

油泵在正常使用 3 个月内要彻底更换液压油，标号为 Mdoile30 号、BP32 号、Esso32 号、Castro132 号、Greatwall46 号等抗磨液压油。

4) 有输出压力，但油缸工作力量不足

(1) 各接口处有无渗漏现象，如有应拆卸接头缠密封胶带重新连接。
(2) 管路有无破裂，如有更换管路部件。
(3) 泵内油量不足，检查后加注液压油。
(4) 液压泵是否有密封件损坏，气动泵是否能听到"噗噗"声，有无渗漏现象。
(5) 检查快速接头是否完全拧紧，如没有，泄压后重新拧紧。
(6) 检查活塞杆端有无液压油渗出，有则为油缸内密封圈损坏，重新更换。

4. 液压系统使用注意事项

(1) 所有液压系统的使用压力不应超过70MPa（用户可选装压力表）。
(2) 气动泵进气管的气压不应超过0.8~1.5MPa，而且输入空气应干燥、清洁，应加装空气滤清器。
(3) 因为油缸是单行程，所以油缸全行程负载应采用80%准则，以延长油缸的使用寿命。应用80%就是使用油缸全行程的80%，它有两个目的：第一是油缸在挡圈与支撑面之间留有一段距离，减少了侧向受力面，使油缸稳定性更高；第二是避免损坏挡圈，由于全行程伸出的活塞杆，使支撑面撞击在挡圈上，留出一定的安全系数是补偿单点顶升偏心特性的最简单的方法。许多油缸做出了80%的标记，使用时应特别注意。
(4) 对于液压油管，使用软管时应注意以下事项，以避免出现问题：
①不要绞结或过度弯曲软管，这会使软管的金属编织层损坏，最小弯曲半径不小于12cm。
②整根油管的接头部位是最脆弱的，拧紧时应用力均匀，切勿用力过猛以防断裂。
③应妥善排布油管，防止重压或砸伤。
④软管不可作为拖拉泵的绳索来使用，禁止拉动软管来移动泵，当软管绞结或过度弯曲时不应打压。
⑤当软管出现局部膨胀时说明超过使用压力，此管已损坏，应及时更换。
(5) 对于手动泵，使用时应注意：
①使用时只能用手关闭卸荷阀，使用工具会损坏卸荷阀并使泵发生故障。
②某些情况下手柄会弹回，所以应使身体保持在手柄作用力范围以外。

(六) 车身校正的基本原则

车身的变形校正就是使用较大的校正力对已经变形的车身壳体或构件采用拉、压等方法使其恢复形状和尺寸。

在修理非承载式车身的碰撞变形时，通常修理的重点是车架。车身由于有坚固的车架抵抗冲击力，所以它的变形范围和变形程度都比较小，因而采用局部钣金整形的工艺就可以达到整形的目的，而车架则必须使用大型设备进行校正。通常，在完成车身校正后分别将修理好的车架和车身安装到一起，就完成了整个车身的修理工作。这在非承载式车身的汽车修理中是惯用的工艺方法。

整体承载式车身由于没有独立的车架，所以在经受撞击时几乎全部的车身构件与板件都参与承载。撞击力沿车身构件和板件进行传递，引起车身广泛部位的变形。针对这些变形，采用什么方法进行修复是多年来车身修理工作探讨的主要问题。车身整体或车身

学习任务 4　车身变形的校正作业

中刚度和强度非常大的主要结构件产生变形都是由于大的作用力综合作用的结果，修理时必须使用更大的力才能对这些变形进行校正，但因为又不能像非承载式车身那样可以对车身进行分解，所以针对承载式车身的变形校正必须整体进行。经过多年的探索和实践，人们开发了专门针对承载式车身进行的整体校正设备和相应的操作工艺，校正的方法与单纯校正非承载式车身的车架基本相同，即使用大型液压牵拉设备配合专门用于车身整体的校正平台来操作。为了保证车身校正工作的精度要求，专用的车身校正工作台往往配有车身三维尺寸测量系统，在进行车身牵拉校正时控制各部位的尺寸，直到完成校正工作。

对整体车身的变形进行校正的主要目的是消除车身整体的变形量和变形应力，使车身的总体轮廓和主要的定位尺寸恢复原状，当然也包括对变形的板件进行整形。

对于车身上的主要结构件，例如车身梁等重型构件的损坏和变形，也需要使用车身校正设备进行校正。这些主要的构件即使需要进行更换处理，也要在车身整体校正完成后才能进行拆换，因为如果车身的总体控制尺寸没有被修复之前，需要更换的构件是没有相对尺寸根据的，所以必须首先进行车身的总体校正，然后才能进行更换。

对车身的校正是车身维修的基础工作，它要做的不仅是车身变形的简单整理，更主要的是校正时必须完成车身上所有主要控制尺寸的修正。校正之后的车身构件和板件的具体轮廓和相对尺寸在进行车身校正时不必过多地考虑，因为在完成总体的校正之后，需要将车身分为若干个小的区域，采用钣金修复的方法进行具体的修复。因此整体式车身的修理工艺可以简单地分解为：

（1）通过损伤检验确定车身的损伤部位和损伤程度。
（2）通过车身的总体校正完成车身变形的校正和所有主要车身控制尺寸的修正。
（3）更换或修理车身主要结构件的损伤。
（4）更换或修理车身外覆板件的损伤。

对车身和车身主要结构件的变形进行校正与对车身板件进行拉伸校正的原理是一样的，即沿着破坏力相反的方向施加拉伸力，将受到损坏的部位恢复原有的位置。但是由于车身校正的拉伸作业需要对抗的变形部位非常强硬，有时甚至是整个车身，所以需要的拉伸力非常巨大。用于车身校正的拉伸设备通常是液压拉塔和一些组合液压撑拉杆。液压校正设备可以提供高达 50 ~ 100kN 的力，足可以校正车身上任何部位的变形，其中拉塔主要用于车身需要较大的力量拉拽的部位（如图 4-31 所示），而液压组合撑拉杆可以用于车身上很多部位的整形撑拉，如图 4-32 所示。

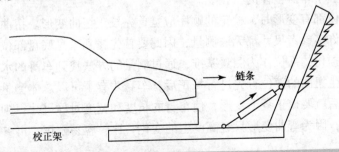

图 4-31　使用拉塔进行车身拉伸校正

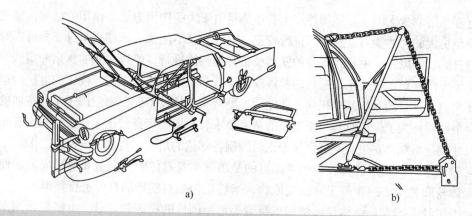

图 4-32 液压顶拉工具在车身校正中的应用
a) 便携式液压组合撑拉设备的应用；b) 三点式液压顶杆的应用

由于车身碰撞损伤的复杂性，对车身进行校正时基本上没有什么固定的程序可以遵循。车身修理人员要根据车身的具体损坏情况来具体设计修复的方案，并不断地用测量的方法加以验证，能够达到修复目的的拉伸方案就是正确的方案，否则就需要进行调整。但设计车身拉伸操作时一定要遵守以下基本原则：

1. 正确的校正顺序

车身构件甚至整个车身发生变形是一个非常复杂的受力过程造成的，在进行车身校正时也不是通过简单的拉拽就可以一蹴而就。在拉伸校正过程中要仔细研究车身的变形情况，通过测量找出车身变形的部位和程度，并认真分析变形的过程，辨别出哪里先变形、哪里后变形，哪里的变形是直接损伤、哪里的变形是间接损伤，产生变形时的力量传递过程等，所有这些对于车身的校正都是十分必要的。

校正车身的变形与校正板件的变形有许多相似的地方，它们的操作顺序是基本相同的，即最后变形的部位要首先得到校正，间接损伤的部位要先于直接损伤的部位等。因此在进行车身校正时也要首先校正最后变形的部位，当最后变形的部位控制尺寸达到恢复后，再依次沿着破坏力传递的反方向校正下一个变形。每校正好一处变形后都要对已经校正好的部位实行固定，防止拉伸相邻部位时再次产生变形。即对车身拉伸操作时一定要把握"后进先出"原则。这是一个总体的原则，对于车身多处发生变形时采用这样的操作顺序有利于车身整体的校正。

当车身的整体都有变形时，校正的顺序应是首先校正扭曲变形。扭曲变形使得车身失去了水平面，许多参考尺寸都无法测量，因此要首先找到车身底盘部位未受损伤的部位，以这些未受损伤的部位作为测量基准，通过测量的方法找到车身的水平面和发生扭曲的部位，对发生扭曲的部位首先进行校正后，车身才有了可以总体测量的依据。当扭曲变形得到校正后就要校正菱形变形，使车身的长度和宽度对称尺寸得到修正。最后校正的是弯曲变形，因为弯曲变形只有高度上的变化，比较容易校正，可参考的控制点也比较容易找到。

如果车身上部和下部都有变形时，应首先校正车身底盘部分的变形，然后再做上部的校正。相对于车身壳体上部的变形，车身底盘的控制尺寸更重要一些，而且车身上部的尺寸依据也是由车身底盘部位作为测量基准的。

总结起来讲，安排拉拔顺序时应遵循的原则如下：

（1）按与发生碰撞变形相反的顺序进行修复。

（2）"先重后轻"，即优先校正损伤最大的部位。

（3）"先强后弱"，即同一部位的变形应先由强度大的构件开始校正。

（4）"先中间后两边"，即从中间部位开始操作。

（5）"先长度后侧向"，即长度和侧向两个方向同时存在变形时，优先校正车身长度方向的变形。

（6）"先低后高"，即由车身底部开始校正，而车身顶部的变形则可以放到最后进行。

在设计拉拔顺序时，还要注意下面几点：

（1）第一次拉拔应是多点牵拉，拉拔方向要与撞击方向相反。

（2）对于直接撞击部位的牵拉，拉拔次数在实际可行的情况下应尽量地多。

（3）每次拉拔修复的损伤要尽可能多。

（4）注意查找有无二次损伤。

（5）切记，碰撞时最后发生的损伤应最先修复。如果发现有二次损伤，应修正拉拔顺序方案，或者另加一次拉拔。

2. 确定施力方向

判断一辆汽车受到撞击的直接位置是比较容易的，判断直接撞击力的作用方向也是容易的，但简单地在直接碰撞部位沿碰撞力作用方向的相反方向施加拉伸力有时并不能起到很好的校正效果。车身构件或车身整体变形的受力情况往往非常复杂，除直接碰撞点以外，其他部位的变形都是由车身构件或板件传递过来的力造成的，这些力可能来自各个方向而不单纯是碰撞力的作用方向。因此在进行车身校正时要正确理解"沿破坏力作用方向的相反方向施加拉伸力"的概念，对车身变形进行有目的、有顺序的校正。

对变形的车身构件进行拉伸校正时，施加拉伸力的方向是非常重要的。一般判断施力方向的依据是看需要校正的控制点相对于正确的位置的位移，将发生位移的控制点拉回到原来的位置是校正工作的首要问题。

对于因较小的碰撞而造成的轻微损伤，施加一个与碰撞力相反的拉拔力可以很容易地将变形的部位复原，如图4-33所示。当碰撞力引起车身构件在z轴与y轴方向上产生基本一致的变形量时，按照图4-33a）所示，采用反向拉伸的原则，施加一个与碰撞力相反的拉伸力可以起到很好的校正效果。在图4-33b）所示的情况中，碰撞力使车身构件在z轴与y轴方向上产生了不同的形变，此时就需要考虑到这两个构件在拉伸时恢复状况的差异，适当调整拉伸力的方向，如图4-33c）所示。当拉伸力使构件沿y轴方向恢复到一定程度，而z轴方向恢复较少时，控制点相对于正确尺寸的位置已经发生了转移，因此需要改变拉伸的方向，使其恢复，但总的拉伸方向总是指向控制点正确位置的方向。

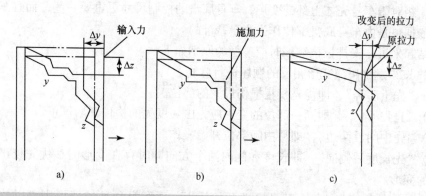

图 4-33　沿与碰撞力相反的方向施加拉伸力

对于这种情况，可以根据构件变形的控制点与原点的位移方向预先设置一个拉伸的参考点，如图 4-34 所示，在构件受到拉伸恢复的过程中，拉伸力的方向虽然在不断地变化，但它始终控制着参考点的运动轨迹，使其向需要的方向运动。

有时，车身构件变形复杂或受到周围不同强度构件恢复率不同的限制，不能通过一次一个方向不变的拉伸就能使其恢复原状，这时就需要用到力的合成与分解的概念，对不同损伤的构件采用分别拉伸的方法进行校正，但各个分力的合力方向必须与碰撞力的方向是相反的，即必须指向该变形控制点原来的正确位置。

在拉伸操作时，确定拉伸力的作用点（即拉伸的部位）与确定拉伸的方向同样重要，不正确的拉伸位置不但不能起到良好的校正效果，还会给校正工作带来更大的麻烦。例如图 4-35a）所示的构件损伤，A 面为受损面，B 面的弯曲是因为 A 面的折损而产生的，显然拉伸力应当作用于 A 面才能达到校正的目的。因此，拉伸力应作用在 A 面上，并使力量始终向着 A、B 面的延长线方向才能起到良好的效果，如图 4-35b）所示。

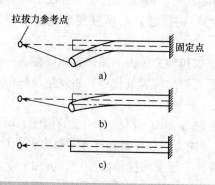

图 4-34　预先设立拉伸力的参考点对构件进行校正

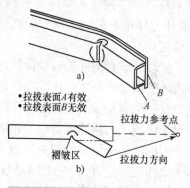

图 4-35　正确选择拉拔面

3. 多点拉伸

由于车身的变形校正需要很大的拉伸校正力，进行拉伸校正时要根据变形的部位和变形的特点按照适当的拉伸方向进行拉伸。

对于车身损伤的牵拉，根据损伤的情况和损伤的部位有单点连续牵拉和复合牵拉等拉伸形式。单点连续牵拉适合车身比较小的原始损伤部位使用，操作时拉伸装置在损伤部位夹持住某一点，按照设定的方向进行拉伸，直到需要校正的点恢复原位。单点连续牵拉的单点并非指拉伸的作用点始终保持不变，也可以根据情况随时调整位置，但每次牵拉只有一个施力点；连续的概念是指针对某一变形进行一次或多次的拉伸校正，而不是指始终保持拉伸力不变，直到校正完毕。拉伸力也可以进行必要的调整，包括方向和大小。

单点连续的牵拉每一次拉伸校正的范围都是有限的，为了保证被拉伸的点不至于被过大的拉伸力破坏，每次使用拉伸的力都不宜过大，因此每次校正的效果都比较小，要完成较大的变形校正需要进行多次反复的操作。对于较大的变形采用这种校正方式工作量会非常的大，另外由于需要多次变更受力点和拉伸力的方向和大小，校正的效果不容易保证。但单点连续牵拉所使用的设备相对要简单得多，在缺少大型车身校正设备时比较适用。

对于较大损伤的校正必须使用复合牵拉的工作方式，复合牵拉需要使用大型的车身校正设备。复合牵拉系统具有支撑车身和牵拉操作的双重能力，而且拉伸操作可以实现双向或多向牵拉，这对于修复整体承载式车身的复杂变形非常有用。使用复合牵拉系统能对牵拉工作进行严格地控制，大大提高了校正的精确度，当设定好拉伸的参考点后，也避免或减少了拉伸工具设备的移动，使拉伸校正工作更加轻松。图 4-36 所示为多点、多向牵拉的示意图。

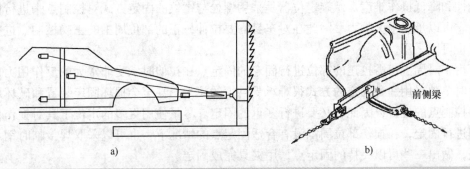

图 4-36　多点、多向的复合牵拉
a) 多点同时牵拉；b) 多向牵拉

采用多点牵拉有以下的优点：

（1）可以同时从多点上精确地按所需的方向进行牵拉，这样就能对整体车身的校正进度和校正量进行有效的控制，提高了工作效率和校正的准确度。

（2）多点的复合牵拉可有效地分散每个点上所承受的拉伸力，避免变形部位被破坏的可能性，可在更大的范围内达到校正的目的。

由于现代车身多采用轻型薄钢板组焊，一旦发生碰撞变形，损伤的面积都很大，因此要尽量采用多点牵拉的方法分散拉伸力和扩大校正面积。如果损坏部位没有足够可供夹具固定的拉伸点，可以在受损部位需要进行牵拉的地方焊接一小块钢片用来实现多点拉伸，用完之后再去掉，如图 4-37 所示。

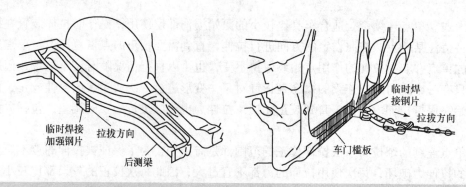

图 4-37　焊接临时钢片作为拉伸的夹持点

4. 拉伸点周围的限制性固定

对于拉伸部位周围的限制性固定更加重要，它保证需要校正的部位可以得到更大的校正力，同时还不会引起周围不需要校正的部位产生变形。在进行顺序校正时，已经得到校正的部位必须进行定位，否则后续的拉伸操作又会造成整体的二次变形。

由于需要保证拉伸部位周围各个控制点位置的准确性，采用定位器来进行固定是非常好的方法。定位器是定位器测量系统中用于测量车身上控制点位置的专用工具，有销式定位器和螺旋固定定位器等形式。定位器在车身维修中还有一个作用就是对控制点位置的固定，在进行车身构件更换时采用定位器固定构件的位置可以大大提高安装定位的准确性和降低操作难度。螺旋定位器是采用螺栓与螺纹的固定方式对控制点来进行固定的，它可以承受很大的力，因此在对车身需要拉伸校正的部位周围的正确控制点进行固定时也可以采用。

由于对周围不需校正的部位进行固定的固定点在拉伸时承受非常大的反作用力，因此有时单独采用一种固定的方式很难承受巨大的拉力，甚至会损坏固定装置和破坏原有正确控制点的位置，因此有必要进行多重的固定。尽量使用更多的定位工具对损伤位置周围进行固定，在损伤部位周围没有合适固定点的情况下，也可以采取焊接临时钢片的方法，做出一些可以夹持的固定点，用夹具完成固定。

5. 避免过度拉伸

车身校正拉伸最重要的一个目的是恢复车身各个控制点的正确位置，但要绝对避免拉伸过度。对于拉伸过程中某些构件在位置上的过度拉伸有时还可以得到修正，但形状上的过拉伸则没有可能恢复，只能更换了。例如对一段因正面碰撞而溃缩的前侧梁进行校直，在进行校正时其宽度或高度尺寸发生过度拉伸还可以通过反向拉伸的方式进行校正，虽然反复的拉伸操作会造成弯曲部位的强度进一步恶化，但只要过度拉伸不是很严重，仍然可以继续使用。但如果将其在长度方向上拉长了，则没有办法使其缩短，那就只能更换了。所以不适当的拉伸操作会给车身的校正工作造成非常不利的后果，有时甚至会造成更大的损失，因此在进行拉伸操作中一定要随时对校正的效果进行测量，保证拉伸力的方向和大小都按照预先设计的方案进行。测量是防止过度拉伸的最好方法。

由于金属加工中具有弹性变形，在发生了变形的金属构件上由于加工硬化处变形应力的作用这种回弹现象更加严重，所以在进行拉伸校正时，往往需要做一些过度拉伸，但这种过度拉伸是暂时性的，目的是利用金属的回弹使其恢复到正确的位置。当做这种过度拉伸操作，利用金属的弹性变形性质时，一定要控制好过度拉伸的量，并做好消除变形应力的工作，否则将会使校正工作功败垂成。

6. 变形应力的消除

通过校正变形恢复车辆的原有状态有两个含义：一是位置尺寸和形状等的恢复，另一个重要的目的是恢复构件的正常使用性能。恢复其正常的使用性能就必须消除由于变形和校正操作给构件带来的应力。

金属在受到外力的作用下晶粒的排列会产生畸变，由此产生了内应力，变形部位的金属也产生了加工硬化现象。当对这种变形进行校正时，这种内应力并不会随着变形的消除而完全消失，仍会有部分内应力保留下来，称为残余应力。加工硬化部位对校正的阻碍也会产生新的应力，如图4-38所示。应力的存在不仅会使应力区的金属强度降低，也会使金属在拉伸力消除后的一段时间后产生回缩变形，这种由于残存应力产生的弹性变形不像金属加工中外力没有达到屈服极限而产生的弹性变形那样容易控制，它是在一段时间内逐渐完成的。为了尽量减小或消除这种残存的应力和新的变形应力，在对构件进行拉伸校正时必须采用一定的措施。

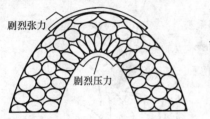
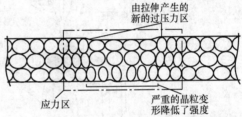

图4-38 金属晶格畸变造成的残存应力和新的加工应力

在进行车身拉伸校正时消除内应力的方法有时效、敲击和加热等方法。

时效是指残余应力在一定时间后会逐渐消退、减弱许多。在拉伸校正时保持拉伸力等待一定的时间后再去掉拉伸力，构件的回弹会比拉伸到一定位置马上取消拉伸力小得多，就是这个道理。但使用这种方法不能很彻底地去除应力，而且拉伸保持需要的时间较长，通常要几十个小时，有时还不能达到要求的效果。所以采用时效的方法效率较低，效果不明显。

但在实际操作中，往往不能通过一次拉伸就可以完成拉伸校正操作，而是要通过一系列的反复拉升操作：拉伸—保持平衡（消除应力）—再拉伸—再保持平衡（消除应力）。在这样一个循环往复的操作过程中，车身金属板可以有更多的时间恢复变形，有更多的时间使金属松弛（消除加工硬化的应力），有更多的时间检查和调整拉伸校正的进度。此过程即是利用时效的方法。

在进行校正的同时，经常使用钣金锤对应力集中部位进行敲击或用局部加热的方法促使畸变的金属晶格重新排列并松弛下来以达到消除应力的目的，这两种方法比较普遍，如图4-39所示，但要控制加热的温度（一般不超过

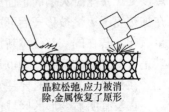

图4-39 消除金属的变形应力

200℃）、时间与加热范围。锤击的部位要在应力集中区及其周围，而且不要对校正的金属造成进一步的损坏。

如果损伤部件一些部位褶皱、折叠得太紧，内部的加工硬化太严重，在拉伸时板件有被撕裂的危险。如果这些部件在吸能区就不能进行维修了，需要进行更换。如果可以校正，则要用加热法消除应力。加入时要注意，只能在棱角处或两层板连接得较紧的地方加热。如果在车身纵梁或箱形截面部分加热，只能使其状态进一步恶化。一定要注意，加热只能作为消除金属应力的一种方法，而不能把它作为软化某一部分的方法。

加热可以使用碳棒或氧—乙炔火焰。氧—乙炔火焰比较容易一些，但要注意利用其中性焰的外焰进行。

汽车上使用多种型号的高强度钢，它们的临界温度各不相同，只从外表观察是不可能确认出它们的临界温度的。监视加热的最好方法是使用热敏笔或示温涂料（热敏涂料）。用热敏笔在加热部位旁边的冷金属部位做记号，当温度达到一定时，热敏笔记号就会变色，加热也就要停止，加热温度就得到很好控制，如图4-40所示。

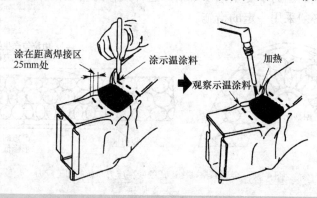

图4-40　示温涂料的用法

一般一个区域累计加热不超过3min，车门加强梁和保险杠加强件等禁止被加热，加热后应让其自然冷却，不可用水或压缩空气加速冷却，否则会使金属变硬或变脆。

此外，加热通常会使金属产生某种程度的氧化，甚至产生一定量的氧化皮和发生脱碳现象。氧化皮意味着损坏金属板件表面光洁度。脱碳现象将引起表面软化，严重时会影响金属的疲劳强度和寿命。

氧化皮的产生很大程度上取决于加热的时间和温度，并且被加热零件背面的氧化皮厚度要比暴露于火焰的正面还要厚一些。因为火焰层具有一定的保护作用，氧化现象是在加热完了火焰被移开后形成的，但背面一侧的金属只要被加热到适当的温度，就会发生氧化。若在同一部位重新加热，还会产生更多的氧化皮。因此，对于加热校正部位尤其是金属背面的防腐处理也是十分必要的。

在消除应力操作时要注意一点，发生碰撞变形的车身不仅在变形的板件上存在应力，在没有明显变形的区域也有可能存在较大的内应力。因此消除内应力的操作不仅是在拉伸中和拉伸后对校正的部件要做，对邻近的区域也要做。

二、任务实施

（一）施工程序

在任务实施过程中，首先要正确掌握车身校正作业的施工程序（如图4-41所示）。

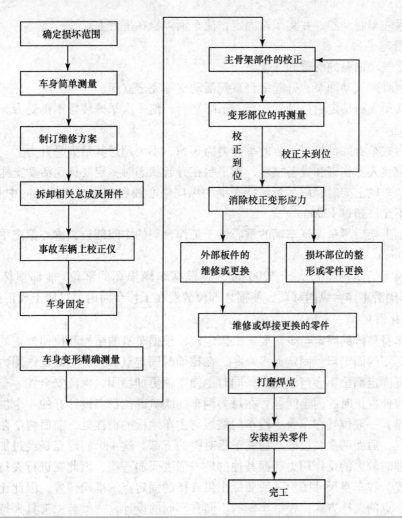

图4-41　车身校正作业施工程序图

（二）校正前的准备

1. 事故车辆上校正仪

（1）降下平台，将事故车辆移上校正台：

①接上气动泵的气管和油管并与举升油缸连接。

②移动并固定塔柱，清理现场。
③先将平台稍上升，使活动支腿离开地面，然后将活动支腿扳离垂直位置。
④松开活动支腿锁紧机构，拉开或拔出插销。
⑤控制气动泵匀速降落平台。
⑥安装上车斜桥。
⑦让助手协助对正汽车并驶上平台（或用绞车拉到工作平台上面），然后撤掉上车斜桥。
⑧拉紧驻车制动器，并将车轮固定，使车辆停稳在平台上。

(2) 升起平台：
①连接气动油泵的气管和油管。
②控制脚踏气动油泵，升起平台直到活动支腿完全立起。
③将活动支腿锁定后松开气动泵，下降平台，使一次举升装置不再受力。

安全提示：
①平台式车身底盘校正平台的举升力为 3.5t，不要超过其最大举升力。
②为避免人身伤害和设备损坏，当平台在升起状态时一定要锁定活动支腿。
③推拉车辆上架时，应尽量保持车辆的纵向中心线和工作台架的纵向中心线重合，左右偏差不允许超过 100mm。
④车辆上架后尽量保证车辆的重心位于工作台架的中间部位，重心偏离中间部位不许超过 500mm。
⑤如果上架车辆车长大于 5200mm，应根据车辆损坏的部位（前部损坏或后部损坏），将车辆沿工作台纵向移动，使损坏部位放置在工作台面内，以便于校正操作。

2. 车身固定

对于车身整体的固定至少需要 4 个固定点，根据车身的结构和拉伸校正的需要有时还要增加更多的固定点。固定点多一些，在拉伸时固定点部位产生的反作用力就可以分散开，保证固定部位不会产生变形，同时也使车辆更加稳固，保证安全性。车身设计时考虑到了拉伸校正时的固定问题，在每一辆车的底盘部位都有设计好的 4 个供拉伸校正时的固定点，一般位置在车身中段车门槛板与主车地板的衔接处，前面两个在 A 柱的根部稍后一点，后面两个在后门与后翼子板对缝的下部。这 4 个固定点是经过加强的，可以抵御拉伸时较大的反作用力，而其他的地方强度要弱一些，因此在进行夹持时，一定要找准位置。在车身尺寸图上一般要标出供夹持的固定点的准确位置，因此比较容易找到。这 4 个点的夹持方式，根据车辆的不同有不同的设计，一般有供夹具夹持的加强翻边和供锁销式固定器固定的销孔两种形式，在针对不同的夹持设计时要分别采用不同的夹持具，对锁销式的固定部位使用加强翻边的夹持工具不能保证固定点的稳定。

需要说明的是，这 4 个固定点同时也作为车身尺寸测量的水平面基准，因此必须保证这 4 个点的尺寸没有变化时才能作为永久性的拉伸固定点使用，当底盘部位可供夹持的固定点不足 4 个时，要首先校正出 4 个固定点的位置，并保证其基本尺寸的正确。

为使拉伸校正时的车身更加稳固，防止车身变形，并保护焊接点，有时需要另外再找出几处车身固定点（如图 4-42 所示），这些固定位置的选择要有一定的依据。首先，这些附加的固定点必须是能够承受较大的反作用力的部位，在不承力的部位做多少固定点也是没有意义的；其次，这些固定点要选择在车身没有损伤的部位，这些部位的总体形状尺寸没有变化，可以永久使用。

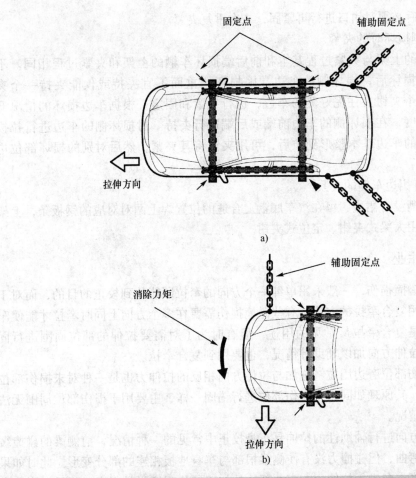

图 4-42　车身校正的辅助固定
a) 多点辅助固定；b) 单点辅助固定

1) 车辆前端或后端损坏时的夹紧

（1）检查底盘边沿。如果裙边不干净，用钢刷将其清理干净。

（2）用千斤顶将汽车变形最小的一侧的中间前部顶起，将夹具置于升起的底盘边沿下。

（3）装上夹钳底座，将夹钳装入夹钳底座内。将一对夹钳调到同一高度的定位孔中，用销子固定。

（4）将夹具钳口对准门槛裙边的加强板并降下汽车，然后紧固钳口。再撤下千斤顶。

（5）用同样的方法夹紧车辆的另一端相应裙边，即完成夹紧。

(6) 用夹具固定盘及螺栓从平台下面将夹具固定。
(7) 在千斤顶或举升机的帮助下调整并安装车轮支架。
(8) 在汽车的另一边重复以上程序。

重要提示：

第一次拉伸后必须对钳口进行再紧固，二次重复夹紧。

2) 车辆一侧损坏时的夹紧

一侧损坏时的上架与夹紧过程基本和前后端损坏车辆的上架和夹紧过程相同。不同之处是当一侧损坏后，损坏侧的车边常因损坏严重而不宜夹持或仅能夹持一个夹钳，此时采用两个夹钳夹住完好侧的车边，进行夹紧和固定。根据车边损坏的情况升高或降低夹钳高度，在损坏侧的车边前端或后端进行夹持。对损坏侧的车边进行拉拔整形，当损坏侧的车边基本整形到位后，可用夹钳将其夹紧，然后对别的损坏部位进行拉拔整形。

3) 对于没有裙边车辆的夹紧

如果待修车辆没有裙边，可在汽车底盘上合适的位置焊上两对对应的钢板条，上架后将其夹紧或采用大梁式夹钳、定位式夹钳。

（三）校正作业

对于微小的碰撞损伤，一般采用单纯一个方向的牵拉即能达到校正的目的，而对于较大的碰撞多采用复合牵拉的方法。有些碰撞损伤需要在多个方向上同时牵拉才能使车身恢复原状，这是复合牵拉最常见的用途，但有时为了对需要拉伸的部位周围进行固定，或是对主要拉伸方向加以辅助等情况，也要用到复合牵拉。

拉伸时在损伤部位旁边用拉链施加与拉伸方向相反的拉伸力也是一种对未损伤部位进行固定的方法，其原理如同将未损伤部位进行锚固一样，主要用于损伤部位周围无法进行刚性固定的情况。

对主要拉伸方向进行辅助性的拉伸是车身校正中常见的一种情况，前侧梁的碰撞缓冲区产生较大的弯曲，但碰撞力没有使侧梁根部与车身地板相连的部分变形。此时如果单纯沿纵梁的长度方向进行拉伸，在弯曲部位的加工硬化程度不是很高，不足以影响弯曲部分周围金属的情况下，有时也可以达到校正的目的。但如果弯曲部位的加工硬化程度较高时，单从侧梁的头部进行拉伸，侧梁的恢复情况可能会与预想的相差很远，加工硬化部位没有被拉直，弯曲部位周围反而有可能产生不希望的变形，会造成前侧梁根部发生偏转或造成过度拉伸等。对弯曲部位的校正力实际上成了促进回直的扭力，由于它集中地作用于需要校正的弯曲部位，因此校正效果会比较理想。

在对车身进行拉伸时要充分考虑到车身是一个整体，碰撞力在车身上沿板件进行传播是产生"压缩破坏"，而拉伸时，拉伸力只会对强度薄弱的金属起作用，还要受到相互焊接在一起的构件的限制，影响拉伸操作的实施。因此要对拉伸操作的整个过程预先有一个明确的方案，充分考虑车身的具体结构和损伤状况以及力的合成、分解等力学问题。车身拉伸校正的效果不仅凭修理经验的多少，更主要的是要多动脑，勤于思考，善于总结。

1. 前部车身严重损伤的拉伸校正

前部碰撞的车辆对车身前部可以造成非常严重的损坏，但对车身乘客舱的影响相对要小得多，因此前部碰撞的拉伸校正工作主要集中在对于前部侧梁、翼子板内板等主要结构件的校正，外部覆盖件和散热器支架等如损伤严重可以采取更换的方法。

由于前侧梁不但是车辆前部的主要承力骨架，更主要的是发动机、前悬架和转向系统等都以前侧梁为安装基础，所以必须将前侧梁校正到位。前翼子板内板主要是前悬架的安装支座，一旦损坏会直接影响到车辆的使用性能，因此也必须做到很好地修复，尤其是重要的安装尺寸。有时由于损伤过于严重，修理时多采用更换的方法，但即使更换也必须是在对整体进行校正之后方可进行，因为损坏得到校正之后，新件的安装才有了准确的测量定位基准，另外拉伸已经确定需要更换的构件，不必考虑构件的损坏和过度拉伸等问题，需要更换的构件已经成为拉伸的工具了，而且可以方便地进行测量，使拉伸的精度更高。若先更换新件然后再进行拉伸校正，拉伸操作中会有许多禁忌，限制了操作的进行，影响修理质量。

图4-43所示为前翼子板内板和前侧梁两者中仅一侧发生损伤，而另一侧的定位尺寸基本没有变化时，校正的重点是损伤一侧的长度拉伸，所涉及的尺寸主要是长度和对角。先将损伤一侧的长度拉伸到位，再校正宽窄（对角）和高低方向的尺寸，这也是拉伸校正时普遍遵循的顺序。由于侧梁和前翼子板内板上部加强梁的刚度都很大，因此在图中所示的两处同时施加拉伸力会使校正效果更好。拉伸时要注意，除车身底部前方的两侧要加以固定外，另一侧的侧梁头部也要加以限制性的固定，防止拉伸时散热器支架将未损坏的一半也拉变形。

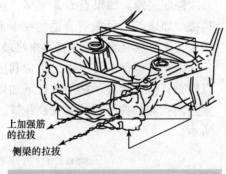
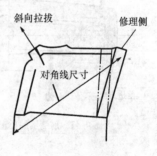

图4-43 车身前部的拉伸

如果前侧梁或前翼子板内板的上加强梁变形程度过大，需另外安装辅助拉链进行校正。

一般情况下，修理侧的整个翼子板内加强板和纵梁往往只是向左或向右偏斜，如图4-44所示。由于长度方向实际上并未发生扭曲，修理过程中，在注意修理情况的同时，应不断地测量对角线长度，并校正其距离。为了提高作业效率，可同时拉拔纵梁与翼子板内加强板上部的加强件。如果修理侧的纵梁朝外侧偏斜，则应朝前转一角度拉拔，

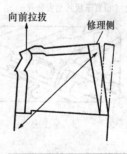

图4-44 拉拔校正翼子板加强件修理侧

同时要注意监测对角线的变化；如果修理侧的纵梁朝内侧偏斜，则应直接向前拉拔；如果修理侧的纵梁损伤严重，则应在对角线长度正确的点处把横梁和散热器上固定板拆开，分别进行修理。

前方严重的碰撞有时会影响到车身的前立柱（A 柱），此时单独的拉伸前翼子板内板对校正 A 柱可能起不到良好的校正作用，此时可以将前侧梁和前翼子板内板切割掉一部分，以保证有足够的拉伸力进行牵拉（如图 4-45 所示），但要保证新件更换时可以准确对位，也可以采用如图 4-46 所示的方法，用液压顶杆辅助撑推，促进 A 柱的复位，但要保证液压顶杆不会对车身起支座作用的部位造成额外的损坏。

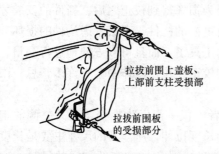

图 4-45　切割掉部分翼子板内板，采用多点拉伸

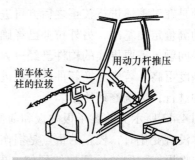

图 4-46　拉伸与推挤结合校正 A 柱

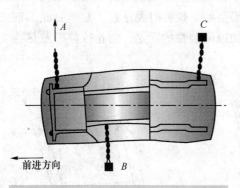

图 4-47　前侧围的校正修复

对于因侧向碰撞而造成的前部车身侧向损伤的修复，最好采用台架式校正设备。

如图 4-47 所示，受力最大的拉拔点是点 B，必须保证夹紧。如果点 C 未夹紧，点 A 也不能拉拔。如果点 C 处没有合适的夹卡部位，可使用夹在 4 个点上的车底夹持器来修理车身。

在车身前部的修复中，常常利用测量控制点检查其修复程度。如前地板下加强筋上的测量控制孔和前翼子板的后安装孔等，如图 4-48 所示。

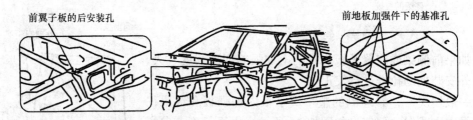

图 4-48　检查车身修复程度的测量控制点

如果车身为前置发动机后轮驱动型汽车的前侧梁结构发生严重变形，其车身标准测量点的高度就可能变动了，在修理时要特别谨慎，如图 4-49 所示。前置发动机前轮驱动汽车的前侧梁的后部有一测量控制点，受损时车身纵梁高度会降低。

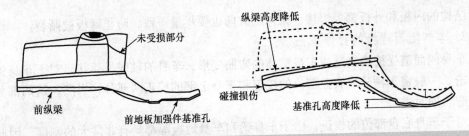

图 4-49 前置发动机后轮驱动纵梁碰撞变形

车身前部受侧面碰撞引起侧面前侧梁弯曲损伤，常常是由于碰撞力使纵梁后部的基准向上偏移，因此，这些测量控制点在对这些部位的修复校正时都不能采用，如图 4-50 所示。

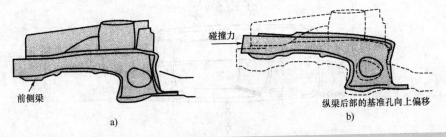

图 4-50 车身前纵梁碰撞变形
a) 车身原形状； b) 纵梁后部的基准孔向上偏移碰撞后变形

2. 车身后部损坏的校正

与车身的前部相比，车身后部的结构更复杂些，因为后部有行李舱、车身地板，形成一个整体的箱形结构。在后部遭受碰撞时，损伤状况比较难确定，修复也困难得多。

根据碰撞力在车身后部板件的传递来分析，正面的碰撞会造成后保险杠和行李舱后围板的弯曲，拉伸力使两侧的后翼子板向中间靠拢，后地板弯曲，行李舱盖损坏，严重的碰撞会造成后侧梁上弯，影响后悬架的定位。碰撞力作用在后部两个角上时，后围板会将另一侧的后翼子板向受损一侧拉，碰撞侧的后翼子板变形，力量会传递到车顶甚至影响到 B 柱，造成车顶与车门的间隙变大等，如图 4-51 所示。总之，后部碰撞对整个车身会造成不同程度的影响，远不如前部碰撞容易校正。

对于后部碰撞的拉伸校正，后侧梁和后地板基本上与前部碰撞的拉伸类似，以大力拉伸为主，并辅以辅助校正。而对于后翼子板、车顶等薄壁箱形构件，则最好采用焊接钢片等方法，制造出较多的拉伸点，作多点拉伸，拉伸时还要从变形部位的最末端开始，逐渐向碰撞部位过渡，切忌急躁。需要注意的是，焊接钢片时

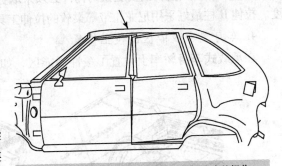

图 4-51 后部碰撞对车身侧面及顶部造成的损伤

箱形结构的内板和外板都要焊接,拉伸的方向也要尽量一致,防止薄板被撕裂。

3. 车辆侧面碰撞的拉伸校正

车身侧面遭受撞击会造成车身整体的弯曲变形,车身的轴线呈弧状。对于车身侧面的撞击,一般将车辆分成底盘部位的校正和车身上部的校正两部分,当然,这两部分的校正应当同时进行。

对于车身底盘部位的校正,由于车身梁和车身地板等都具有非常大的刚度,因此要采用如图4-52所示的方法,凹陷一面用单点或多点拉拔,凸起一面采用单点或多点的推挤,同时配合凹陷一侧沿车身轴线方向的拉伸。采用这种牵拉方法时,车身的固定必须牢固,并尽可能多地加以辅助固定。

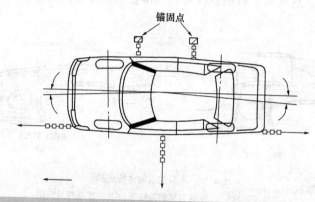

图4-52 车身侧面碰撞的多向拉伸校正

对于车身上部的校正以B柱为主,牵拉一侧的B柱可以使整个车身的乘客舱部分都发生较大的变形,因此要注意对不需要改变位置部分的固定,此时就可以采用施加反向拉伸力的方法对无需校正的部分进行限制性的牵拉固定。由于B柱一般都采用车身上强度最高的钢材制造,所以要想将B柱校正成型不太容易,因此拉伸B柱主要是将整个车身的整体尺寸进行校正,当车身上绝大部分的定位尺寸到位后,采用板件单独整形校正的方法,逐一加以校正,需要更换的构件必须采取更换的方法来修复,以保证车身的整体刚度。拉伸B柱最好采用尼龙拉带等柔软的拉伸工具,防止对车身造成进一步的损坏。

4. 车身缓冲吸能区的校正修复

在承载式车身轿车上设置了缓冲吸能区,如图4-53中箭头所指部位。其目的在于

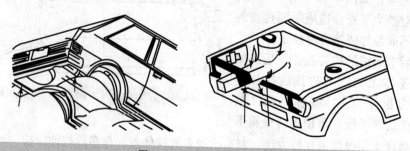

图4-53 轿车车身上的压扁区

控制和吸收撞击力，减少结构破坏，增强对乘车人的保护，因而不要拆除任何一个缓冲吸能区。另外，修理时要按汽车制造厂家的建议校正或更换带有缓冲吸能区的零件。

（四）变形应力的消除

在拉伸中和拉伸后及时对拉伸构件和相邻构件进行变形应力消除处理，消除的方法一般根据具体情况而定，多采用敲击法，亦可采用加热法。

三、评 价 反 馈

1. 自我评价

(1) 通过本学习任务的学习你是否已经掌握以下内容：

① 车身校正的施工程序是什么？
_____
_____

② 车身校正的原则有哪些？
_____
_____

③ 如何对前部损伤的车身进行校正？
_____
_____

④ 如何对侧面损伤的车身进行校正？
_____
_____

⑤ 如何对后部损伤的车身进行校正？
_____
_____

⑥ 一般如何维护车身校正仪？
_____
_____

(2) 在车身校正过程中用到了哪些设备？你是否已经掌握了这些设备的正确操作技能？
_____
_____

(3) 实训过程完成情况。

评价：
_____

_____
_____。

(4) 工作着装是否规范?
评价:
_____
_____
_____。

(5) 能否积极主动参与工作现场的清洁和整理工作?
评价:
_____
_____
_____。

(6) 在完成本学习任务的过程中,你是否主动帮助过其他同学?并和其他同学探讨车身校正的有关问题?具体问题是什么?结果是什么?
_____
_____
_____。

(7) 通过本学习任务的学习,你认为哪些方面还有待进一步改善?
_____
_____
_____。

签名:_____　____年____月____日

2. 小组评价

小组评价见表4-1。

小组评价　　　　　　　　　　　　　　　　　　　表4-1

序号	评价项目	评价情况
1	学习态度是否积极主动	
2	是否服从教学安排	
3	是否达到全勤	
4	着装是否符合要求	
5	是否合理规范地使用仪器和设备	
6	是否按照安全和规范的规程操作	
7	是否遵守学习、实训场地的规章制度	
8	是否积极主动地和他人合作、探讨问题	
9	是否能保持学习、实训场地整洁	
10	团结协作情况	

　　　　参与评价的同学签名：_____　　____年____月____日

3. 教师评价

_____

_____。

　　　　教师签名：_____　　____年____月____日

学习任务 5　车身钣金件的修复和更换

学习目标

通过本学习任务的完成，要求学生能够对不同的事故车车身进行检验、测量；制定合理的事故车修复评估报告；根据维修计划进行车身钣金件的更换和修理，车身试装、总装、试车检验等，完成修理工艺的整个流程。

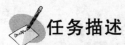

任务描述

通过对不同类型的事故车车身选择合理、正确的修复工艺进行修复，熟悉车身修复工艺流程、掌握修复方法、技术要求和标准。

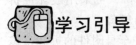

学习引导

车身钣金件的修复和更换的学习路径：

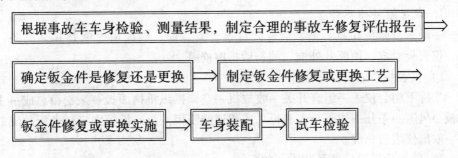

一、相关知识

（一）车身附件和钣金件的拆卸

待修车辆经过外部清洗后需要进行车身拆卸，其拆卸内容根据车身损伤情况和修理类型确定。局部拆卸只拆去必须拆下才能修理的部件及拆卸后便于车辆修理的零部件，当局部拆卸部件过多或局部拆卸难以保证整车的技术要求时，应当进行全部拆卸。

拆卸过程中、拆卸后需要进行更换的部件，可以按方便、快捷的原则进行操作，不需要顾及是否会造成部件的进一步损坏。拆卸后再用的零部件要妥善放置，易混淆的零部件要加以标记或编号。

拆卸中经常遇到的工作是拧动螺栓，铲除铆钉或焊点。

点焊连接的零件，如车身蒙皮等，多用扁而尖的錾子錾开。操作时錾子应当尽量平放，避免使继续使用的骨架构件损伤。

拆卸脆而且易损的零件，如玻璃、内软饰、木质材料及易变形的零件时，应当格外小心。

拆卸中如遇到螺栓锈死难以拧动时，可在螺母及螺栓的螺纹上蘸些煤油或螺栓松动剂，稍停片刻用小锤沿四周轻敲使螺母松动，然后拧下。如果不行，可采用破坏性拆卸，用手锯将螺栓连同螺母锯断，或用錾子在接近螺纹的地方錾开螺母。

车身拆卸分为车身附件拆卸和车身钣金构件拆卸两大类，其中车身附件的拆卸是修复车身结构件的前提和准备。

1. 车身附件的拆卸

一般车身附件包括：前、后保险杠及骨架、前、后风窗玻璃及其装饰条、车门附件、仪表板总成、顶棚及外饰、前、后排座椅等。

1) 仪表板总成的拆卸顺序

先拆下组合仪表→组合开关→收放机→空调操纵机构面板→杂物箱总成→主、副仪表板→风道→茶几→拔下与仪表板总成相连的线束插头→拆掉固定仪表板总成的连接螺钉→取出仪表板总成。

2) 前、后风窗玻璃及装饰条的拆卸

先拆下风窗玻璃饰条、刮水器臂、后视镜等。然后在风窗玻璃外侧用扁口螺丝刀沿橡胶条周围将其凸缘分开，为避免划伤车身或橡胶条，旋具头上还应包上一层薄布，拆卸时可在车内用改锥沿车身窗口凸缘将橡胶条拨开，然后由车内将玻璃轻轻推出并取下，橡胶条就可随之拆下。

3) 前、后保险杠及骨架的拆卸

先拔下保险杠上的车灯插头，或将车灯拆下，再拆掉保险杠骨架与车身连接的螺栓，取下保险杠及骨架，拆掉保险杠与骨架的连接螺栓，分离骨架与保险杠。

2. 车身钣金构件的拆卸

车辆钣金件损坏严重，无法就车修理时，必须从车身上将这些钣金件拆卸下来。车身上的钣金件连接分为机械固定和焊接固定两种方法,对于非结构性或装饰性的钣金件,如汽车的翼子板、后顶侧板、机罩等,可以通过焊接的方式固定在车身上,也可以用螺栓、铆钉等与之相连,更换这些钣金件时,只需拆卸固定件即可。结构性钣金件与整体式车身焊接在一起,从散热器支架到后端板构成一个整体的框架,因此,拆卸这类钣金件时就需要了解各构件之间的连接关系才能顺利进行。整体式车身的结构钣金件有:散热器支架、内挡泥板、地板、车门槛板、发动机舱纵梁、上部加强件、下车身后架、内部护槽、行李舱地板等。

切割车身结构性钣金件时,应当遵守厂家所规定的办法,不要割断可能降低乘员安全的区域、涉及汽车性能区域和关键性尺寸控制区域的钣金件,这是切割钣金件应当遵从的统一原则。

整体式车身的高强度钢板区域受损后必须更换,绝对不允许用加热的办法来校正高强度钢板,图5-1所示为高强度钢板分布区域,这些钣金件受损、变形,必须切除更换。

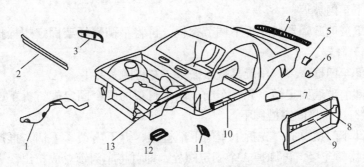

图5-1 高强度钢板件

1-发动机舱外侧梁;2-风窗下部的加强件与外伸支架;3-车身锁支柱至车轮罩角撑;4-后端板保险杠保持器;5-保险杠支架处的后端板加强件;6-保险杠座上的乘员舱板梁加强件;7-乘员舱内部板梁的延伸件;8-安全带处门内板的加强件;9-车门外板条加强杆和加强件;10-车门槛外板;11-下围板处的发动机舱侧梁加强件;12-稳定杆处的发动机舱侧梁加强件;13-外边和下边发动机舱上梁板件

(二)车身钣金件的更换与调整

1. 车门的更换与调整

1)车门的更换

当需要更换整个门板时,应将车门卸下,对于采用将里外板均焊成一整体的车门,拆卸时应将车门支柱上的门铰链固定螺钉拆除。本田雅阁轿车车门里板是通过4个组合螺钉连接的,更换门板时,只需拆装4个组合螺钉即可。当只需局部更换门板时,新板与旧板的连接,通常采用凹座搭接、凸缘接合和对接焊接等方法。更换门板时,可根据需要将门板解体。前车门分解时可按以下步骤进行。

(1)将门窗玻璃降至车窗全开位置,再将玻璃拉高约50mm。

(2)拆下内手柄框。

(3)拆下车窗玻璃升降器手柄。

(4)拆下摇手柄。拆卸摇手柄时可先拆下小上盖、3个螺栓和摇手,再撬松卡簧,拆下开关座。

（5）拆下后视镜盖，撬松固定环并拆下上盖。

（6）拆下车门框。先用旋具，将其插入固定环和车门板之间，将门框撬松，撬松时旋具尖部应用胶布包好。然后拆卸3个连接器，并拆下门框。

（7）拆卸维护孔盖。

（8）拆卸内手柄。

（9）将玻璃放入车内不受依托的空位置。先拆下两个玻璃槽固定螺栓，再将玻璃取下放入车门中不受依托的空位置上。

（10）拆卸后视镜。先拆开玻璃升降电动机的连接器，取下连接器夹钳；再拆卸两个固定螺栓，即可取下后视镜。

（11）拆下成型嵌条。先拆下两个固定螺栓，再撬松嵌座边沿的夹钳，即可取下嵌条。

（12）拆下车门玻璃。

（13）拆下玻璃升降器。先拆下调节螺栓，再将平衡臂托架固定螺栓拆下，从维护孔中拆下玻璃升降器。

（14）拆卸车门框嵌条，用旋具撬松嵌条，并将嵌条卸下。

（15）拆卸前玻璃固定槽。先将车前玻璃密封条的两个固定螺钉拆下，再拆下前固定槽的固定螺钉，并将固定槽卸下。

（16）拆卸车门锁总成。先拆下车门下部框架，拆下内锁紧手柄，再拆开4个连接扣，松脱连接器的连接，再卸掉3个固定螺栓，即可将车门锁总成拉出。

（17）拆卸外侧手柄。先拆下两个固定螺栓，即可拆下外手柄。

2）车门的调整

车门的调整必须准确，这样才能使其关闭容易，无声响，不漏水，不进尘。

现代承载式车身轿车的车门有两种：有上框车门和无上框车门。有上框车门的上部有用来镶嵌玻璃的框架，而无上框车门的上部则没有。这两种车门采用的都是一整块玻璃，而有些车型上则采用通风玻璃和升降玻璃两块玻璃。

有上框车门的玻璃升降机构很简单，上框可起导轨和支承的作用。无上框车门则不然，它靠车门洞上部来支承玻璃，车门洞上安装有软橡胶密封条，用来保护升起时的车门玻璃。车门玻璃未完全降到底时，必须有支承玻璃并控制其高度的装置。车门关闭时，如果玻璃碰到车门洞上方的雨水槽则极易损坏，因此玻璃必须有一定的倾斜，以便能与密封条接触。如果向内倾斜不够，则会漏水漏尘；而如果向内倾斜太多，又会使车门关起来费力，还会损坏密封条。有上框车门需要的调整比无上框车门需要的调整要少得多。

车门必须与门洞适配，也必须与相邻的车身板件协调。四门汽车的车门调整应先从后门开始，原因是后翼子板不可移动，必须调整后门以与后翼子板相适应。后门调整好后再调整前门，最后调整前翼子板，使它与前门协调。对于无上框车门，这时就可将车门玻璃调整得与密封条相吻合。玻璃通常从前向后顺序调整。首先将前风窗玻璃调整到与前车门支柱吻合，然后使前门窗玻璃与之吻合，最后将后门窗调整到与前门窗后缘和后车门门洞相协调。

学习任务 5　车身钣金件的修复和更换

车门是通过铰链连接到车身上的,铰链与车门和车身的连接可用螺栓,也可用焊接。显然,焊接的铰链无法调整,而螺栓连接时可作上下及前后调整,若使用调整垫片还可进行内外调整。

车门调整的具体步骤如下:
(1) 确定车门在要求方向上调整时所需松开的铰链螺栓;
(2) 用带垫撬杠或剪刀架式千斤顶和垫木托住车门,并将螺栓松至车门刚好可移动的程度;
(3) 按所需距离挪动车门,然后拧紧铰链螺栓,并检查配合情况,保证车门与相邻板件间没有相互干扰;
(4) 重复上述过程直至车门与相邻件配合合适,互相协调,然后检查车门锁闩的位置能否使车门关严;
(5) 拆下车门锁闩,并检查车门与门洞的位置关系;
(6) 检查车门和玻璃,保证与门洞上方雨水槽和垂直密封条吻合。

有些车辆必须用专用扳手才能拧动车门铰链螺栓。当要将铰链拆下时,需绕每个铰链划出其轮廓线作为位置标记,以便于重新安装,但要注意不要划坏漆层,否则会造成腐蚀。为了有一定的空间拧动螺栓,有时还要在翼子板的后底缘处松动翼子板。如果铰链轴磨损严重,则应更换。有些铰链轴带有衬套,衬套磨损后也应更换。这样就能防止铰链轴晃动,也能在一定程度上调整车门。

车门内外方向的调整也很重要。车门不仅要与车门洞相吻合,还应与车身板在内外方向上相协调。车门密封条与门洞之间应有良好的密封效果,密封条要压紧到足够的程度才能起到防水、防尘和防风的作用。

在进行车门内外方向的调整时必须十分小心。如果车门在上铰链处外移,不仅会使车门上部外移,而且会造成车门下部对角向里移;如果车门下铰链往里移,就会造成车门上部对角往外移。调整的关键是在上下两个铰链处使车门内外的移动距离保持一致,从而使调整量在车门后部逐渐减少而只影响车门的前部。中支柱、车门锁闩和车门锁决定车门后部的位置。车门前缘应稍靠里一些,以免在车门前缘处因涡流而引起噪声。

车门需要调整时,最好把门锁碰板拆下来,以便于车门与车门洞对正。如果必须提起或压低车门才能将车门关闭,则说明门锁碰板并未调整好。关闭车门时,门锁碰板应调整到使它仅稍有提起车门的作用。门锁碰板可作前后、内外和上下调整。

拆除或更换车门铰链轴,必须先拆下铰链弹簧。拆卸弹簧时,应当用厚布把弹簧盖住,以防弹簧飞出。先用弹簧夹钳(如图 5-2 所示)把弹簧拆下,然后拆铰链轴,这时车门就可以拆下来了。安装车门时,一般也要用弹簧夹钳。在用力夹紧弹簧之前,用弹簧夹钳把弹簧夹好,以免其滑落,造成车辆损伤和人身

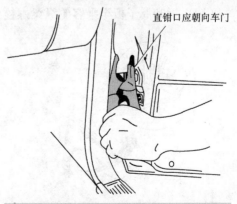

图 5-2　弹簧夹钳

伤害。

2. 翼子板的拆装与调整

1）翼子板的拆装

拆卸翼子板时，首先要找到并拆下其与汽车固定的所有螺栓，也要拆下翼子板内的电线。翼子板通常与散热器芯子支架、内翼子板和前罩板用螺栓连接，螺栓通常都位于门后、内翼子板后和汽车下部。拆卸翼子板的基本步骤如下：

（1）拆卸前照灯。

（2）拆卸发动机罩。

（3）拆卸发动机罩铰链。

（4）拆卸前翼子板衬套。

（5）拆卸内翼子板，如图5-3所示。

（6）拆卸清洗液箱（右翼子板）。

（7）拆卸车门槛装饰板。

（8）从翼子板后部上支架上拆卸车门铰链柱螺栓，如图5-4所示。

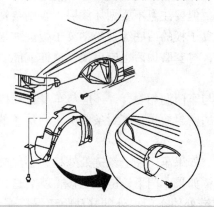

图5-3 拆卸内翼子板

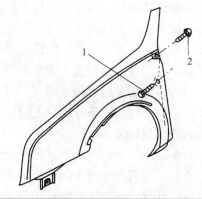

图5-4 拆卸车门铰链柱螺栓

1、2-铰链柱螺栓

（9）从翼子板上拆卸车门槛板螺栓，如图5-5所示。

（10）拆卸翼子板至乘客舱纵梁螺栓，如图5-6所示。

图5-5 拆卸车门槛板螺栓

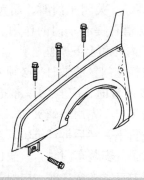

图5-6 拆卸乘客舱和发动机舱的纵梁螺栓

(11) 拆卸翼子板至发动机舱纵梁螺栓，如图 5-6 所示。

(12) 拆卸翼子板至前保险杠蒙皮上的两个螺母及一个圆头螺钉。

(13) 将 A 柱处前风窗玻璃饰条加热到 40℃、时间大约 10min，待饰条变软后，在 A 柱处将翼子板向车身内推并向上抬起，使翼子板从 A 柱上的卡扣处脱出。

(14) 从车辆上拆卸翼子板。

前翼子板的安装顺序与拆卸顺序相反，按照与拆卸相反的顺序安装即可。

2) 翼子板的调整

翼子板是用螺栓连接到散热器支架、发动机舱内部防护板件以及门后和汽车底部的盖板上。在安装翼子板时，把螺栓装在翼子板上，但不要拧紧，使其能够调整翼子板。松开这些螺栓，即可调整翼子板前后、左右、上下的位置。在螺栓上移动翼子板，以便使它能够与其他车身零件适当对正。调整好后，用螺栓拧紧翼子板。

翼子板也可向内或向外调整，这样可与车门齐平，并且与发动机罩平行。翼子板与车门齐平的调整是通过在固定翼子板和前围的两个螺栓处加垫片来实现的，其中上面一个螺栓通常在车门铰链支柱上，而下面一个螺栓则位于车门铰链支柱上或在门槛附近。在上面一个螺栓处加垫片可使翼子板上部外移，在下面一个螺栓处加垫片则可使翼子板下部外移。如果翼子板太靠里，凹进去，与车门不齐平，则外凸的车门缘就会在行驶中产生噪声，还会出现涡流。

为了获得满意的结果，一般同时调整翼子板和发动机罩。翼子板与发动机罩之间的缝隙一般不大于 4mm，同时翼子板与车门之间的缝隙也不能超过 4mm。当然，翼子板前端应与发动机罩齐平，从而可使翼子板周围间隙均匀。

3. 行李舱盖的调整

行李舱盖与周围相邻件间的缝隙应均匀一致。铰链上的长孔和行李舱盖上的活动螺孔板可用来调整行李舱盖的左右及前后位置，如图 5-7 所示。在调整行李舱盖的前后位

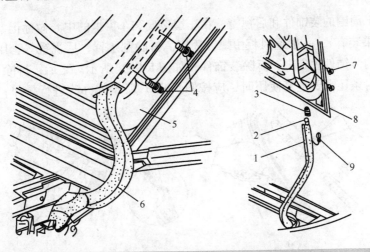

图 5-7　行李舱盖与周围相邻件间缝隙的调整

1、6-铰链摇臂；2、9-螺母；3-隔套；4、7-螺栓及垫圈；5、8-行李舱盖

置时，应先稍稍松开两个铰链上的螺栓，然后关闭行李舱盖做必要的调整，而后打开，将螺栓拧紧。有时可能需要在螺栓和行李舱盖之间加填调整片，以调整其前部的高度。如果要抬高前缘，应在前部螺栓部位的铰链与盖板之间放调整片。要降低前缘时，则应在铰链的后部放调整片。

图5-8所示为一典型的行李舱锁，它通常安装在行李舱盖上，而锁环机构则安装在行李舱尾板上。在某些车型上，它们的安装位置恰好相反。锁环机构可作上下及左右方向的调整，以保证吻合良好和锁紧行李舱盖。其调整方法与前面所介绍的发动机的罩的调整方法相似。

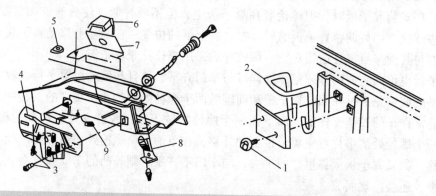

图5-8 典型的行李舱锁
1、3-螺栓；2-锁环装置；4-锁芯装置；5-外簧螺母；6-支座；7-托板；8-挡板；9-弹簧螺母

（三）前后风窗玻璃的拆装

现代轿车的前后风窗玻璃一般为粘胶式，其拆装按下列方法进行。

1. 拆卸方法

首先拆下周围的装饰件和后视镜，在车窗玻璃和车窗框的中心做标记，然后，拆除通风板（如果装有），一般通风板由螺钉固定。拆除刮水臂、后视镜等，用专用工具撬开玻璃外侧的装饰件固定夹，拆除装饰件，如图5-9a）所示。之后，拆除橡胶密封条。如果橡胶密封条还需要重复使用时，应按图5-9b）所示的办法进行操作，拆卸时可用

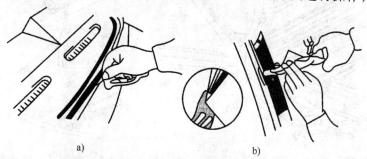

图5-9 拆卸前的准备
a）揭下装饰条；b）松开车身与橡胶密封条的连接

螺钉旋具沿车身窗口凸缘将橡胶条拨开。为避免划伤车身或橡胶条，螺钉旋具头部还应包上一层薄布。

在车内用力推出车窗玻璃，但用力不要太大。最后，彻底清除窗框和密封槽处的腻子和密封胶。

2. 安装方法

随着现代汽车技术日新月异的迅猛发展，黏胶式汽车玻璃除应考虑现代汽车安全因素外，固定安装方法和所用工具、材料也决定了汽车整体的安全性、舒适程度。汽车往往会由于黏胶式汽车玻璃的粗糙安装而形成不少隐患，如高速行驶途中的啸叫、洗车或下雨时的漏滴水现象等。如何避免此类现象的发生，已成为目前广大汽车维修企业和汽车维修过程中玻璃安装工应该重视的问题。镶装时，应将玻璃的边缘和窗口清理干净，然后将玻璃边缘擦干净。

在确定玻璃安装槽口弧线与玻璃弧线相吻合，整体安装没有困难（玻璃边缘装饰条的装饰效果良好）的情况下，对于黏胶式汽车玻璃的安装作如下说明：

（1）玻璃边缘的表面处理。除少数汽车玻璃在安装过程中使用了蛇形不干软胶，一般黏胶式汽车玻璃均使用聚氨酯结构胶黏结。聚氨酯结构胶能够牢靠地附着在各种材料上，如粗糙的、上过底漆和上过漆的钢板上，它有时可代替焊接，黏结汽车钢板，且不损坏漆皮。它可应用于铝、合金钢、ABS 材料、玻璃钢、聚氨酯塑料、有机玻璃、硬聚氨酯、硬聚乙烯、软聚氨树脂、木材及玻璃等表面，具有无气味、不腐蚀黏附材料，抗化学腐蚀能力强，可打磨，可抵抗紫外线、气候及老化，安全可靠，对人体完全无害等优点。因此在安装汽车黏胶式玻璃前对黏结表面进行的处理将对黏结的效果产生广泛的影响。如何对黏结表面进行处理显得十分重要和必要。一般考虑全部削去底胶，表面层只留下 1~2mm 厚，这个厚度对汽车黏胶式玻璃特别是碰撞损坏玻璃的车身结构表面处理十分必要。因为碰撞损坏的玻璃所黏结的车身结构表面与车身结构、车身均有明显或不明显的变形变化，这种变形一般都会使玻璃黏结胶与车身结构之间产生剥离。在再次安装玻璃前，没有目测或发现这种剥离，到进行较为粗糙或简单的表面处理后，会给重新黏结的玻璃造成不同程度的影响，如行驶时产生漏风、啸叫，下雨时或高压水洗车时漏水滴水的现象。如果将残留胶削到 1~2mm 时，均会因为削薄过程的进行而发生局部剥离现象。

（2）整形校正加工或更换与玻璃黏结面相关的结构件的表面处理。整形校正玻璃安装槽的变形位置，大都必须把原来的黏结胶去除干净。去除黏结胶的方法很多，有使用氧—乙炔火焰加热的，有使用高速砂轮磨削的，在不少时候需要拆卸有关的结构件，进行整形校正后再焊接，严重变形的则需要更换此结构件。无论进行整形、加工或更换，钣金施工完成后留下的表面一般无残留底胶、底漆。若有残留底胶、底漆或更换件上原本就带有底胶或底漆，一般都要打磨干净至金属光亮后，再涂汽车专用防锈、防腐、耐酸底漆。原残留或更换件自带的底漆均不满足黏胶式汽车玻璃黏结用表面的处理要求。玻璃安装表面要随汽车表面一起使用车身表面漆喷涂至干燥硬化后方可进行黏胶玻璃的安装。

（3）具体安装工艺步骤为：进行表面的清洁处理，在确认将原残留胶削至 1~2mm

厚后，再对表面磨削面需油漆的面进行油漆处理。油漆硬化程度达标（一般以手指甲刻划无痕）后，使用黏胶式玻璃专用清洁剂、工业酒精、高标号汽油等有效的有机溶剂进行表面擦拭，玻璃边缘黏胶部位同样需要擦拭干净。而后再使用黏胶专用促进剂进行表面处理——擦拭，最后进行注胶。注胶的枪嘴一般削成长三角形，这样一来可以方便车身窗口由于整形、校正时的高低不均匀形成的较低点黏胶；二来也可以节约用胶量而使玻璃黏结牢靠（注意：胶三角形成型可靠性主要表现在三角形胶注在玻璃边缘上的厚度，一般可达15mm。如果胶枪把持得当，三角形口开锯合适，三角形条状柱胶也方便玻璃覆盖压上后，玻璃弧线与车身玻璃安装槽的弧线紧密黏合，黏结位的胶体饱满、美观、牢靠，避免注胶外溢，则可减少或避免后工作）。玻璃覆盖到车身后，其内有胶柱与车身黏结，胶柱受气候温度、湿度的影响，一般需要24～36h才能彻底干固。因此在玻璃稳定在车身上后，外表面可使用较宽的透明胶带黏住，这种固定胶带的选择要考虑：结构胶干固后，揭去固定胶带后可能在车身或玻璃上留下残胶，特别是一些刚做过油漆的车身，往往会造成黏胶部位的油漆随之剥落，造成不必要的返工。因而应使用品质较好，长时间黏结后也不会在表面留下残胶的胶带。另外，玻璃饰条如果是软橡胶条，一般要在饰条盘缠玻璃后的接触点位，使用少量的结构胶进行黏结。这样可避免玻璃安装后出现胶条局部或全部松脱或掀起，只要注胶枪口的三角形的锥度足够，都可以避免车辆在行驶过程中出现啸叫、噪声、漏风、漏水等现象。

实际车辆修过程中，不少的玻璃安装工甚至一些所谓专业的汽车玻璃安装工都会保留大量的原车玻璃黏结胶柱，再次黏结时只削去表面的胶痕，而留下大量的胶柱，这样做似乎可以节约不少的玻璃胶。因为再次黏结时只需在表面注入少量的玻璃胶即可把玻璃表面安装到位，甚至大量的玻璃安装工或维修企业为了节约成本，违规使用不适合汽车使用的普通硅酮胶进行灌注，且表面简单地覆薄薄的一层，未发现深层产生的剥离，这样只会造成事后故障多发，漏风、漏雨、啸叫等黏结不实的现象。而这些故障的排除又需要对该玻璃进行拆卸重新安装，费工费时，增加维修风险。如采取局部黏堵的补救措施，效果又不是十分显著。

总之，如果遵循科学的方法，使用合理的辅剂进行处理，使用合格的车用黏结聚氨酯结构胶和正确的黏结方法，那么黏结式汽车玻璃的安装方法是可靠可行的。

（四）汽车钣金件的开褶修复方法

车身碰撞可能造成冲坏板料产生不规则皱褶。修理时，若方便可行，可就车用撑拉法解开皱褶，然后敲平；若不方便或不可行，应将车身解体，在车下修理。开褶的要领，首先将死褶由里边设法撬开，缓解成活褶，然后加温，用锤敲击活褶的最凸脊之处，逐渐使其展开，恢复原来的形状。

例如某轿车车身右翼正面撞伤，形成皱褶，可采用如下修理方法：首先拆下前照灯圈及灯座，用一把合适的扁铁垫在前照灯孔内侧，使扁铁两端卡住灯孔的弯边。把钢丝绳的一端系在扁铁上，另一端系在车身校正仪的拉塔上，进行牵拉，使大的死褶得到基本修正；然后卸下翼板，在工作平台上修整。利用焊炬或车身外形修复机的缩火功能加热死褶，用撬具撬开，使其缓解，并加热一段，撬开一段；再将翼板凹面向上置于平台上，从翼板一侧敲平活褶。敲击时，必须使平台起到顶铁作用。里侧皱褶基本敲平后，翻转翼板，用顶铁垫在里侧，由外面向里敲击，使皱褶得以完全展开；最后将翼板装在车上，用手锤和顶铁进行全面修整。修灯孔时，先整圆，后整边。大样修整以后，对比两侧，将伸胀的部分用加热法收缩，并进行细致加工，使整个造型达到标准。

（五）汽车钣金件的垫撬修复方法

在车身板件受到撞击变形后，用各种工具垫撬的方法来进行粗整形，往往能起到事半功倍的效果，而且能减少对板件本身及内侧防腐涂层的损伤。

1. 用匙形板在粗修阶段把板撬起来或撬平较深的凹痕

如图 5-10 所示，用两端弯曲的匙形板来撬顶车门上的凹痕，车门由两个木块垫起，以便在下方留有允许变形的空间。修理时，一定要注意不能撬过度而超出原轮廓范围。用匙形板或顶铁对凹痕初步撬平后，可用车身修平锤进行修整。

图 5-10 用匙形板来撬顶车门上的凹痕

2. 用撬棒校正

此方法用于那些顶铁或匙形板伸不进去的变形部位的维修。

以车门为例，如图 5-11 所示，撬棒有时可以从排污孔穿进去，这样就不必拆下内侧板或为了拉拔凹坑而在面板上钻孔。用撬棒撑顶凹痕时，要注意不要因施加的压力过大而产生拉伸变形。要从撞击点或最低点开始，缓慢地将凹进部位撑起。对于面积较大的凹坑，应采用平头撬棒，而不要用尖头撬棒。在撑顶凹下的受拉变形部位时，应同时用锤向下轻轻敲打受压变形部位，以消除内应力并尽快恢复原来形状。

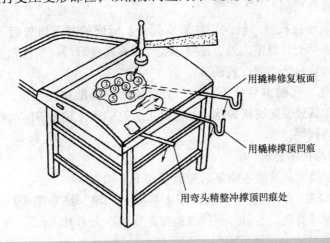

图 5-11 用撬棒修整车门凹痕
注：图中数字为加工顺序

有时不用匙形板或撬棒也可以使用垫撬修复方法。如当车门扭曲、与门框配合不良、上端闭合时下端未闭合,可在门框上端垫上一木块,将车门闭合,夹住木块,然后推压车门下部,便可消除扭曲,使车门与门框切合。

(六)货车车身的修复

货车车身的修复主要包括驾驶室的修复和车厢的修复。

1. 驾驶室的修复

载货车的驾驶室多没有型材做成的金属骨架,而是由内部的钣金冲压件和外部覆盖件焊合而成,且驾驶室多为非承载式结构,并采用三点或四点悬置在车架上。其结构类型通常有三种,如图5-12所示。

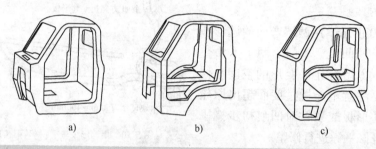

图5-12 货车驾驶室结构类型
a)在发动机之后的长头式驾驶室;b)与发动机并列的平头式驾驶室;c)位于发动机之上的平头式驾驶室

1)驾驶室易损部位及损伤原因

载货车在长期使用过程中,由于使用条件各不相同,所产生的损伤部位及损伤程度也不同。

(1)由于碰撞、挤压或擦伤导致的驾驶室变形、裂纹或损伤,多发生在驾驶室的两前下角、两后角及顶部。

(2)驾驶室支承连接处、转向机柱管支架处、门框的前下角与后下角两个接触处及门铰链处等,除承受自身重力外,还要承受汽车在高速行驶时的强烈振动,由于频繁的交变载荷作用而容易产生裂纹或断裂。

(3)腐蚀损伤。驾驶室后背下部夹层处,使用中长期夹存泥土,往往导致腐蚀;驾驶室底板由于脚踩致使防腐漆脱落,加之其上长期铺用橡胶垫等防滑物,使底板长期受水分侵蚀,容易锈烂。

2)驾驶室维修技术要求

根据有关标准要求,驾驶室修复后应满足如下条件:

(1)驾驶室修复后,应坚固耐用,蒙皮平整无凹陷,线条圆滑均匀,左右对称,车窗牢固严密,视域清楚。各对称部位离地面高度差不大于10mm。

(2)内部装饰整洁,顶棚不积水、不漏水。

(3)驾驶室门窗应关闭严密,开关自如,不透风、不漏水。玻璃升降(或推移)灵活并固定牢靠,车门铰链不松旷,门锁牢固可靠,锁舌与锁口能顺利啮合。行车时,门窗不发出响声。

(4) 驾驶室门窗框架上的流水槽应修理平整，线条正直。驾驶室及车头各处连接部分的各种防水、防振及防尘罩垫应配齐。

(5) 驾驶室对车架中心线的偏移量应不大于 10mm。驾驶室后侧与货厢前端的距离应符合原厂规定，一般不得小于 75mm。

3）门框修理

驾驶室是空间壳体结构与框架的混合体，门框起主要的支撑作用，因而受力较大。同时门框侧面焊装门铰链固定板，承受车门的全部重量，容易拉弯变形。另外，门框前、后两个下角接合处，由于应力集中容易损坏。

(1) 门框下角的焊修。

将驾驶室翻倒，在里侧将裂缝茬口校平对齐，用气焊在原裂缝处焊接牢固，冷却后再敲平。

如果出现较大裂缝及变形，应先校正变形，使下角恢复原位，此时裂缝可能扩大因而无法直接焊修，可根据裂缝大小及拐角形状做一薄料补板补焊在驾驶室里侧裂缝处，并焊后敲平。

(2) 门框铰链处的修理。

如果发现门铰链固定板有轻微裂纹，或固定板与外层钢板焊接处脱焊，可用焊枪通过外层螺栓孔对正裂缝焊修。若无法从螺栓孔处焊修，应将外层钢板用气动锯锯开并撬起，对内层进行焊修。当固定板损伤严重，无法焊修或预计焊修后质量达不到要求时，需要进行更换。

4）外侧整形

驾驶室两前侧板、两后板和顶部比较突出，容易受到碰撞、挤压或擦伤，所以损伤较常见。针对驾驶室外侧不同情况的损伤，应具体采用不同的维修方法。

(1) 驾驶室顶部大面积塌陷。

一般先用木槌在外面轻敲凹陷的边缘，再用顶压工具从内侧慢慢顶挤塌陷部分，使之初步复位，再用木槌将局部凹陷处轻轻敲击。若遇折边，可用顶铁在里面顶着，轻轻敲击。

(2) 驾驶室两前侧板和后侧板的修复。

修理驾驶室两前侧板时，应先将驾驶室翻转 90°，把前下角撬出，使其恢复到原位，以便在装配时能与翼子板紧密配合，再将皱褶处敲平。有裂缝时将裂缝焊好，但在施焊时，火焰切忌不能直接冲着前板，以免引起热变形。另外，前下角受热后可能再次变形。在整平时，若里面手锤无足够的摆动空间，只能用专用工具顶或撬，然后用手锤敲平。

当驾驶室两前下角已复位并焊牢整平后，为了增加其悬臂部分刚度，以抵抗翼子板对它的作用力而不致再次变形或损坏，可分别加焊斜撑，如图 5-13 所示。斜撑可用 25mm×3mm 的扁铁制作。整修驾驶室两后侧板凹陷时，方法相似。在整修驾驶

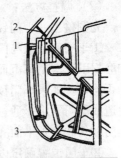

图 5-13 驾驶室裙边及前后角的加强
1-加强板；2、3-斜撑

室外侧凹陷时，应尽可能采用合适的方法，如需敲击，先用木槌，对于难以敲平的细小凸起，再使用铁锤。

5）驾驶室后背下部锈蚀部位的更换

汽车大修时应特别注意驾驶室后背下部的锈蚀情况。其检查方法是观察表面有无起泡（起包）处，有此现象表明材料已经锈蚀，应根据损伤程度予以更换，操作工序如下：

（1）拿纸样板确定出更换范围，并将定出的纸样板在1.0 mm的铁板上下料。

（2）将板料做成更换部分材料的形状，用夹具将板料卡在更换部位。找正位置后，用画针沿新板料边缘画线。

（3）用气动锯将锈蚀部分沿线割掉，检查里层及后横梁有无锈蚀。如果里层锈蚀，先根据锈蚀情况将里层挖掉，下料后焊接整平；外层焊接时，在焊缝长度上先点焊若干点，再分段焊接。

（4）接缝整平后，沿下部边缘将三层板料分段焊接。外层与骨架之间最好留有一定的纵向间隙，作为排水孔使用。

6）驾驶室碰撞损伤修复

对于局部撞伤，如果没有影响到骨架变形，一般可采用敲击的方法校正。必要时使用一些专用工具，如鹤嘴锤和特别形状的顶铁等。如果骨架已撞击变形，应将骨架校正和外壳校正结合起来同时进行。若外壳容易拆下，可分开单独校正。

如果驾驶室撞击十分严重，无法直接校正，可局部解体校正。用手电钻或手动砂轮将原来焊点打开，然后用气动割将外层卸下。当变形范围较大时，外层可分片取下，分别校正后再统一组装。在校正整平时，应注意各部件之间的配合，而且应注意材料在焊接时的收缩变形，以免给后面的装配带来困难。

7）车门与驾驶室的装配与校正

当车门和驾驶室分别修复后，应进行装配与调试。

（1）装配质量要求：

车门装到驾驶室上，应转动自如；车门关闭后没有弹出的感觉；门面边缘与驾驶室的配合间隙应均匀；车门锁止灵活，锁舌啮合深度应达到设计要求。

（2）调整方法：

先调整上、下门铰链距离至合适，车门转动灵活，然后进行如下调整和校正。

①车门底边应与门框下横梁之间有5~6mm的间隙，以免在使用过程中，由于变形和磨损引起车门下沉而磨损门框下横梁。装配时，观察车门前后两条立缝的上、下间隙是否均匀。如果车门顶缝前小后大，底缝前大后小，说明由于门铰链或固定板处板料弯曲造成车门下沉。通过铰链内外移动对此进行校正，与此同时，通过锁扣内外移动实现车门和驾驶室外平面齐平。

②车门位置确定以后，调整止冲器，使止冲器芯头和止冲器高低对位准确，啮合良好，启闭灵活。如发现启闭不灵活，可在止冲器滑块内加点润滑油润滑。如果啮合宽度不够6mm，可在止冲器芯子下面加一垫板，垫板厚度应保证啮合良好又不因垫块过高而碰撞驾驶室边框。

③如果车门与驾驶室门框的前后两条立缝上、下缝隙一致,而顶缝和底缝的缝隙前后相差较大,一般是驾驶室变形所致。此时观察止冲器在芯子里的位置,当门上芯子偏低,低于止冲器,说明驾驶室前角下沉,需用专用撑拉工具修复,方法如图5-14所示。

在装配过程中,随机出现的问题较多,应找出具体原因,进而确定可行的修理方法。

8)驾驶室翻转车架

驾驶室修复时,如果耗损严重,无法就车进行,通常将驾驶室从车架上拆下,放置于翻转架上进行修理。翻转架结构如图5-15所示。

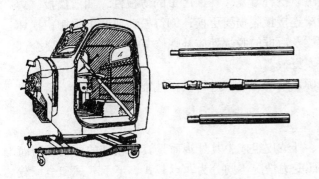

图5-14 驾驶室的校正及其专用工具

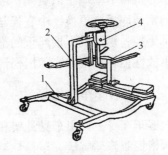

图5-15 驾驶室翻转架
1-底架;2-立柱;3-托架;4-传动装置

通过驾驶室底板上拆装变速器的方孔,插入一个悬臂立柱,把驾驶室支撑起来,其传动中心基本上位于驾驶室的重心处。原则上是一点支承,实际上只用一根长约200mm的转轴进行悬挂与传动。驾驶室下部向前旋转90°,使底板垂直于地面,可焊修整个底板与周围裙边以及后支耳,向后能旋转到20°~30°,将后背抬起,能维修后背下部所有部位。该架具有较好的刚性,又具有较大的空间,可以修复驾驶室的任意位置。

2. 车厢的修复

车厢是货运汽车上最大的总成。国产货车车厢常见的有全金属车厢和钢木混合结构车厢两大类。

1)车厢的主要损伤

车厢直接接触运载对象,经受装载方式、货物品种、道路条件等多种因素的作用和影响。因此,它的主要损伤有以下几种:

(1)车厢底板的局部损坏。车厢底板的局部损坏,主要是装载货物时局部过载、冲击等引起的,表现为底板局部凹陷变形、木底板断裂等。

(2)边板变形外凸。装运某些货物(如圆木等)时,由于未采取措施或过量装载某些散装物资,运载中货物使左右两边的边板受力过大,致使边板中部变形外凸,形成严重的鼓肚变形和局部的裂损。

(3) 金属零件的锈蚀、木质零件的霉烂以及事故性碰撞、翻车造成的不同程度的损坏。

2) 车厢的修理

车厢损伤不大时,可以采用局部校正、局部更换等方法修理。如木底板断裂可以采取分段更换;局部开裂或开焊部位可以焊修或补焊;栓钩、栓杆局部磨损,截面积减少1/3时应予以更换;挡泥板、橡胶挡泥板、缓冲块、反光器损坏,应予以更换,缺损应配齐。

车厢锈蚀霉烂、变形、损伤严重时可进行车厢大修。

车厢大修时应对车厢总成进行彻底的拆检、分解、修复。如边板应拆下校正;局部裂损应进行焊修;较大范围锈蚀严重可以挖补修复;锈蚀严重的薄板件,如前挡板、边板下框、后板下框应予以更换;纵横梁连接板裂损要更换;铆钉松动要铲下重铆;损坏严重的钢质底板应更换;中底板与横梁及后框的脱焊处应补焊修复;木质中底板要全部或局部更换;锈蚀或裂损严重的部件要更换。

事故性损坏要根据实际损伤情况确定维修方案,进行恢复性维修。

(七) 大客车车身修复

大客车车身主要由车身骨架和内、外蒙皮组成,其外观质量具有较高的要求,因而需要严格控制修理质量。车身骨架按照受力情况不同分为非承载式、半承载式和全承载式。其中半承载式骨架应用较多,为了减轻车身质量而将车架横梁加长加宽并与骨架侧壁刚性连接,使车身与车架构成一个整体。

1. 大客车车身的修复要求

1) 骨架

(1) 骨架各构件局部损伤、断裂或严重锈蚀时,允许加固修复或更换新件。新件应符合原设计要求。

(2) 立柱下端锈蚀面积与其总面积之比达1/3以上者必须局部截换,除锈蚀外并有断裂者,应整件换新。

(3) 前后风窗玻璃框整形后应用样板检验。止口弧度的面轮廓度公差为4mm,止口高度应符合原设计要求。无骨架的风窗玻璃框,允许分段挖补维修,其技术要求相同。

(4) 乘客门框对角线长度差不大于6mm。驾驶室门框用样板检查,其线轮廓度公差为4mm。

(5) 顶横梁弧度分三段用样板检查,其面轮廓度公差为4mm。检查用样板的重叠长度必须超过检查部位长度100mm以上,以保证三段接合圆顺。

(6) 底架上平面的平面度公差不大于被测平面总长度的1.5%。半承载式车身底架的维修技术要求可参照《汽车车架修理技术条件》(GB 3800—1983)中的有关规定执行。

(7) 各装置支架应无脱焊、裂损,装置牢固。

(8) 骨架整形后,外形平整,曲面衔接变化均匀,侧窗下沿及底板围衬处用样板检查，其面轮廓度公差为4mm。侧窗框对角线长度差不大于3mm。

(9) 立柱间距公差及相邻两侧框架间距累积公差均应符合原设计要求。

(10) 车身横断面框架（龙门框架）对角线长度差不大于8mm。

2) 内外蒙皮

(1) 外蒙皮外表平整，外形曲面过渡均匀，无裂损。所有铆钉或螺钉应平贴紧固，排列整齐，间距均匀。

(2) 内顶板、内侧板应平整，曲面过渡均匀，无凸凹变形、裂损、皱褶、刮痕，压条与各板之间应密合牢固，其面轮廓度公差为15mm。

(3) 内围板应无锈蚀、裂损、翘曲。

3) 车身内外附件

(1) 地板应密合，不进灰尘，表面平整，排列均匀。木质地板应予干燥、防腐处理。

(2) 驾驶区域地板无裂损，安装严密、平伏，与各操作件不碰擦。各种操作机构与地板穿孔处应安装防尘罩或防尘垫。

(3) 座椅架无裂损、变形及严重锈蚀，安装牢固，排列整齐，间距应符合原设计规定。驾驶员座椅能调节，机构灵活有效，锁止牢靠。坐垫、靠背缝制应均匀牢固，色调一致。

(4) 发动机罩无裂损、凹瘪变形，安装严密，边盖板应平整，附件齐全有效。散热器防护罩应恢复原状，安装牢固。

(5) 前后风窗、侧窗、角窗及顶风窗应无翘曲变形和渗水现象，启闭轻便，灵活可靠，关闭严密，风窗玻璃完整，前风窗玻璃不眩目。摇窗机构升降灵活，锁止可靠，行程符合要求。

(6) 行李架、尾梯应无裂损、扭曲，安装牢固。保险杠左右对称，不歪斜，安装牢固。

(7) 刮水器工作可靠，有效刮面达到原设计要求。遮阳板无翘曲、裂损，板面清洁，作用良好。仪表板无裂损、凹瘪、松动，仪表齐全，各开关、指示灯完好，刻度清晰，标志分明。

(8) 后视镜成像清晰，调节灵活，支架无断损及严重锈蚀，装置牢固。

(9) 驾驶室门、乘客门开闭灵活，锁止可靠，密封胶条齐全有效。扶手杆及托座（包括三通）无锈蚀、弯曲、松动，表面光洁。

(10) 散热器、百叶窗及调节机构，操作灵活，关闭严密，开启达90°。

4) 铆接与焊接

(1) 铆接应紧实牢固，所有铆钉应无歪斜、压伤、头部残缺等现象。蒙皮铆钉排列平直整齐，间隔均匀，位置度公差为4mm。

(2) 焊缝表面平整，高低一致，宽度均匀，焊波细密。焊缝表面不准有咬边、弧坑、烧穿、未焊透、夹渣、裂纹、焊瘤等缺陷。

5) 内外装饰件

(1) 内外装饰件外观应平顺贴合、无凹陷、隆起或弯曲，拐弯处圆顺服贴，表面不得有划痕、锤击印等。紧固件排列整齐，装置牢固。

（2）外装饰带与蒙皮贴合良好，平直圆顺，分段接口处平齐，接口间隙不大于0.50mm，并与窗下沿平行，其平行度公差在全长上不大于5mm。

（3）电镀装饰件应光亮，无锈斑、脱层、划痕。铝质装饰件应进行表面抛光、氧化或电化学处理。

2. 大客车车身的修复方法

大客车车身修复工作包括拆卸、修理、组装和最后装饰。大客车车身大修时将蒙皮和围板全部剥落，进行全面的检查修理，然后重新装配，最后进行内外装饰。

1）骨架的修复

大客车车身骨架由规格不等的薄壁方管焊接组成，半承载式客车车身骨架如图5-16所示。

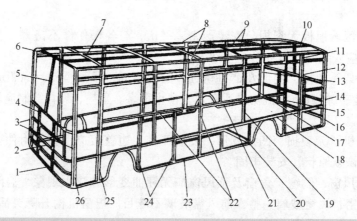

图5-16 半承载式车身骨架主要构件名称

1-前围裙边梁；2-前围搁梁；3-前围立柱；4-风窗框下横梁；5-风窗中立梁；6-风窗框上横梁；7-顶盖横梁；8-上边梁；9-顶盖纵梁；10-后窗框上横梁；11-后窗中柱；12-后窗框下横梁；13-后围立柱；14-后围搁梁；15、26-门立柱；16-后围裙边梁；17-侧围搁梁；18-侧围纵梁；19、24-腰立柱；20-斜撑；21-腰梁；22、25-侧围立柱；23-侧围裙边梁

车身骨架修复的主要内容有校正整形、加固、局部截换和整件更新，并应采用CO_2气体保护焊进行焊接。

（1）校正整形。

车身骨架的变形多因事故造成，如翻车造成龙门框架歪斜和扭曲，撞车造成车身立柱、侧窗框、驾驶室门框等发生变形及风窗框内凹变形。遇到这些情况可用撑拉法冷态校正，有时也可局部加热校正。

龙门框架出现歪斜时，利用撑拉器两端活动挂钩通过钢索将对角线长的一方钩住，然后用加力杆旋转钢管，缩短丝杆，使龙门框架逐渐拉回，如图5-17所示。

侧窗框、驾驶室门框的变形也可采用撑拉器顶在变形最大的位置处，旋转钢管使丝杆伸长至变形复位，如图5-18所示。校正中要随时进行测量，以免校正过度而返工，同时在支撑处要放置垫板或橡皮，防止构件损坏。

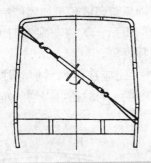
图 5-17 校正龙门框架示意图

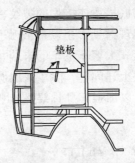
图 5-18 校正驾驶室门框示意图

（2）加固。

车身骨架各构件局部损伤、断裂或产生裂纹时，可以采取加固修复。加固的主要方法有镶套加固、帮盒加固、圆弧加固及角板加固等多种。加固时要避免使整车重量增加过多，不能随意加固或补焊构件、任意增大构件尺寸，影响车身骨架的受力状态。

①前围骨架及驾驶室门框的加固修复。

前围骨架及驾驶室门框的加固修复如图 5-19 所示。

前围左右立柱 1、前风窗下横梁 2 的损坏可以采取局部截换，并在截换处镶套或帮盒加固。立柱无底横梁支承的，可在车架或底架上增设底横梁，以改善支承条件。主要构件间的连接处损坏可采取圆弧镶角或直角板进行加固，降低角部应力集中状况。

②乘客门框的加固修复。

乘客门框的主要损伤在乘客门立柱与上边梁和底横梁连接处，如图 5-20 所示。

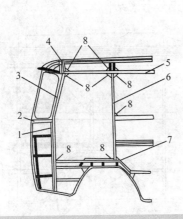

图 5-19 前围骨架及驾驶室门框的加固修复
1-立柱加固槽形盒件；2-前风窗下横梁；
3-立柱；4-顶横梁；5-上边梁；6-驾驶室门立柱；7-驾驶室门框下横梁；8-圆弧镶角及角板

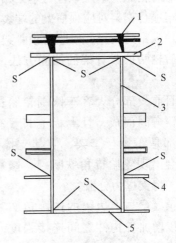

图 5-20 乘客门框主要损伤部位
1-顶横梁；2-上边梁；3-乘客门立柱；
4-地板纵梁；5-底横梁；S-主要损伤点

立柱与底横梁连接处的裂纹一般不是单纯采用圆弧镶角或角板加固能解决的。单纯地加固会出现撑到哪里就断到哪里的现象，如图5-21所示。这与乘客门大开口有关。同时，铰接式大客车主车的末端龙门立柱也存在这种现象。

要解决上述问题，除了采取圆弧镶角加固以外，还应在车内增加立柱支撑，如图5-22所示，以加强车身骨架整体刚度，分散应力集中点。同时还可以增加车顶骨架相应部位刚度。

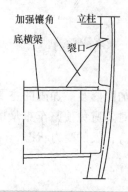

图5-21 单纯镶角加固

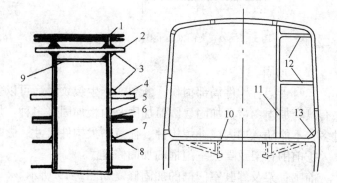

图5-22 乘客门立柱及龙门框架加固方法
1-顶横梁；2-上边梁；3-侧窗圆弧镶角；4-窗下沿纵梁；5-立柱；6-副立柱；7-角板；8-地板纵梁；9-门槛加强横梁；10-底横梁；11-车内加强立柱；12-加强立柱横支撑；13-加强镶角

③后轮胎护罩及车顶行李架相关部位的加固。

车顶行李架对应顶横梁的端裂除同样采取增加或加固车内加强立柱外，还可以适当增加顶纵梁的数量，以改善顶骨架支撑刚度，但应充分考虑结构。

后轮胎护罩骨架的加固方法，如图5-23所示。

目前大部分大客车侧围轮胎翼板支架采用角钢弯制而成，且翼板上布置有立柱。立柱上部是车顶行李架，使其支撑受力较大，经常会出现轮胎罩角铁断裂。修复时可增加斜撑，将支撑力分散。

顶横梁与上边梁的连接角部采用角板加固，以增加各构件之间连接强度，降低角部的应力集中。

（3）局部截换及更换新件。

由于大客车结构和骨架预处理工艺水平的限制，骨架会出现严重锈蚀的现象。车身骨架立柱下端锈蚀面积达到其总面积1/3以上时，必须采取局部截换修复。如还有断裂

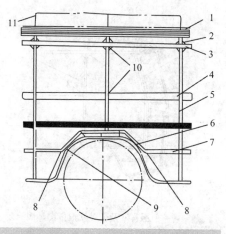

图5-23 后轮胎护罩骨架的加固修复
1-顶横梁；2-角板；3-上边梁；4-侧窗下沿腰梁；5-立柱；6-加固斜撑；7-地板搁梁；8-轮胎罩角铁；9-轮胎翼板支架；10-侧窗圆角；11-顶行李架

损伤时，应整件更换。

对于矩形冷弯型钢制作的立柱，修理时只要备有同规格材料，进行局部截换或更换修复就非常方便。采用薄板冲压成型的立柱，可向生产企业购同型号立柱。当自行加工时，应保证材质、断面尺寸、厚度等符合原厂设计要求。断裂的立柱、横梁整件更换时，应与原立柱采取相同的连接形式。

2）内外蒙皮的修复

有时蒙皮并非因为碰撞或腐蚀而损伤，而是由于自身或车身骨架应力作用导致中间鼓胀，此时可在不解体情况下用 CO_2 气体保护焊进行点焊修复。多数情况下应将蒙皮拆卸，使用扁铲或其他专用工具剔掉气拉铆钉，将蒙皮一块块揭下。

(1) 蒙皮更换修复。

蒙皮严重锈蚀无法修补时，应全部进行更换。目前，国内外采用的张拉蒙皮工艺主要有热张拉法（即采用电加热或氧—乙炔火焰加热）和机械冷张拉法。修复张拉蒙皮采用氧—乙炔火焰加热张力法，但火焰加热不均匀，且不易掌握。若受热不匀，则局部变形严重，影响美观。

(2) 外蒙皮的连接修理。

大客车车身外蒙皮与骨架的连接方式有铆接、焊接及螺栓连接等多种。大客车使用的过程中，由于车身的振动和扭转，常造成承受剪切应力部位处的铆钉或螺栓断裂，焊点撕开，铆钉孔扩大松动，严重时使蒙皮撕裂，如发现这种现象，应分析原因，有针对性地解决。如属于结构上的问题，可采用增加连接密度（即增加铆、焊点及螺栓数）或用加大连接件规格等方法来解决。

(3) 裂纹的修理。

金属蒙皮的裂纹可用 CO_2 气体保护焊或气焊修复。当裂纹发生在受力较大的部位，而施焊操作又方便时，可采用两面焊法。焊完后，应在焊缝内侧垫上顶铁，用手锤在外侧沿焊缝轻轻敲击，以消除焊接残余应力。最后再用角磨机打磨外表焊缝至平整光滑，即可补漆。

(4) 蒙皮局部损坏的修理。

蒙皮局部锈蚀或严重损伤，无法焊修或整形修复时，可以采用镶补或贴补方法修复。

对锈穿的金属蒙皮和局部损坏的玻璃钢蒙皮，也可采用聚酯树脂胶和玻璃纤维布贴补的方法来修复。

损坏面积较大的蒙皮，则应考虑整块更换新蒙皮。

(5) 蒙皮脱焊的修理。

焊缝的一般性脱焊，可在打磨掉焊缝处所堆积的焊丝后重新施焊。

点焊的脱焊有两种情况：焊点处两层面板分离，这是熔合不好引起的，可用单面点焊机在脱焊点左右重新点焊或把蒙皮零件卸下在双面点焊机上重新点焊；如焊点处本身未脱焊，而焊点周围的板面撕裂，则是受力过大引起的，可采用塞焊的方法焊修。焊接完毕后，均应打磨矫形，然后进行涂漆处理。

(6) 蒙皮钣金修复。

当蒙皮出现凹陷、翘曲或皱折时应进行钣金修复。

对于平面板料中间凸起，校正时将板料凸面向上放在平台上，一手按住板料，一手持锤由板料四周边缘向凸面中心逐步敲击，如图5-24a）所示。敲击时边缘处用力大，击点密度大，至凸面中心用力逐渐减小，击点逐渐变稀。在敲击修整过程中，要随时观察板料的形状变化，有针对性地增减敲击力和敲击点，不可在某一处敲击次数过多或用力过重，以免产生新的凸起变形。板料基本敲平后，再用木锤进行一次调整性敲击，以使整个组织舒展均匀。

校正板料翘曲变形时，应从中间开始敲击，逐渐向四周扩散，敲击点由密变疏，敲击力由大变小，如图5-24b）所示。

当板料产生较大凹面而曲率较小时，先将凹面中间部位加热至缨红色，然后在中间部位下侧用顶铁顶起，从而形成较大平面，将大的凹陷面变成若干小的凹凸点，再用顶铁放在上述位置附近进行修整作业，将凹凸点逐点校平，如图5-25所示。

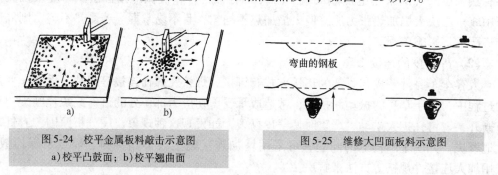

图5-24 校平金属板料敲击示意图
a）校平凸鼓面；b）校平翘曲面

图5-25 维修大凹面板料示意图

修复后的蒙皮按照原来的固定方式固定，然后进行外表装饰。

3）内外顶棚板的修复

内顶棚板材料多是薄层胶合板或纤维板，具有保温和装饰作用。内顶棚板由于浸水会产生龟裂、变形，一般在修理时要先将损坏的部分更换下来。用螺丝刀拧下棚板压条螺钉，取下压条，即可把棚板卸下。然后，按其尺寸切割新材料并制作成原来的形状。处在弯曲部位的内顶棚板，如果材料较硬不易硬弯，可将水淋在弯曲部位，并将其垫起一定高度，在上面放上一个圆筒形重物，使其慢慢变形。纤维板变形较容易，不需要事先弯曲。当内顶棚板位置找正以后，用锥子按压条上的螺孔位置找到原孔并扎透板料，盖上压条，其边缘不可露在压条外面，再顺着孔把自攻螺钉拧入。内顶棚板修复以后，要求其不得松动，整体光滑，弯曲过渡自然，没有裂纹、折断，压条紧固等。

外顶棚板是用薄的钢板铺成的，板与板之间通过咬缝连接在一起，板料边缘通过铆钉铆接在顶棚骨架上。在检查中，如果发现板料锈蚀严重，出现孔洞或漏水，应尽量更换新的顶棚。拆除时可沿咬合缝撬开，将旧顶棚拆下按规格制作新顶棚。顶棚材料可选用镀锌薄钢板，以增强抗腐蚀能力。当镀锌板咬缝后，为了防止渗漏，可在咬缝之间用电烙铁焊上一层锡。

（八）车身装配

车身各部分修复后的装配，是车身钣金修复的最后一道工序。其装配质量除了与各部件的修复质量有关外，还与装配的方法和技巧紧密相关。

1. 装配的支承、定位和夹紧

装配的支承、定位和夹紧称为装配三要素，三者是相辅相成的。

1）支承

支承是用来支持所装配的零部件的设备，装配时可将零部件固定其上进行装配。平台、构架、模具等都起到装配的支承作用。作为支承应该结构简单、工作可靠。

2）定位

定位是将需要装配的零部件放置在要求的位置上。常用的定位方法有画线定位、销轴定位、挡铁定位和样板定位等。零部件在装配过程中只有经过定位并固定或连接后，车身的尺寸和形状才能达到要求。

3）夹紧

零部件通过定位后，各零部件的相互位置就确定下来，采用夹、卡、压等方法使零部件夹紧，使其不能移动或转动，从而保证装配的准确性。零部件夹紧时，应当根据零部件的形状或配合特征选用不同的夹紧工具。

2. 装配的顺序和技术要求

1）装配顺序

车身各部分修复后，要根据不同车型的结构特征依次安装。有时还要考虑如何安装更方便、更容易调整和保证质量要求。

2）部件的配合、调整与质量要求

各部件的配合调整是总装过程中的关键环节，在单独修复安装各部件时，有些问题表现不出来或不明显，但各总成装配到一起时，各种问题就会相继出现，特别是在安装比较破旧或撞击严重的车辆时，问题更加突出。解决这些问题的方法是应当先找出症结所在，再考虑相应的办法。装配后的零部件，要求位置准确，缝隙均匀。

（九）车身修复竣工质量检验

1. 车身校正修理的最终检验

车身校正修理的最终检验分两种情况进行：

（1）在没有使用固定装置修理时，应作最后测量检查，并与车身和车架尺寸手册进行对比，确定是否达到校正要求。

（2）在固定装置上修理时，则不必进行测量检验，只需判断车身控制点与固定装置匹配即可。

2. 最终检验应观察的项目

（1）检查车身上部所有部位的平整度是否符合要求。

（2）检查各相邻构件之间的间隙，如车门与门槛之间的间隙，是否准直均匀，两者是否贴合，如图 5-26 所示。图中所示为某车型车身构件的相互间隙标准。

（3）开启、关闭车门、发动机罩盖、行李舱盖等活动部件，看其是否运动自如，锁紧是否牢固。

3. 返工

若检验时发现问题,应将车身重新固定好,并进行必要的拉拨返工,直至达到要求为止。

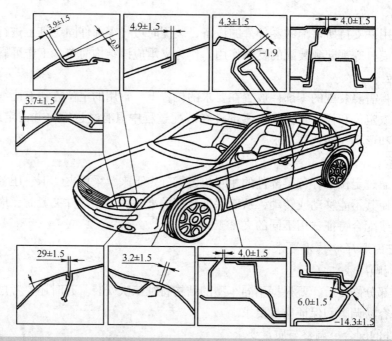

图 5-26 某车型车身各相邻构件的间隙(尺寸单位:mm)

(十)事故车修复案例

车辆事故后的修复,尤其是大事故后的修复相当复杂,不同部位、不同损伤程度、不同厂家都会采取不同的方案。下面介绍几个事故车碰撞后的实际修复案例,供参考。

1. 2000 款日产风度 A33 左侧围受撞的修复

一辆正常行驶的 2000 款日产风度 A33 轿车突然在十字路口受到左侧开来的违章(闯红灯)车的快速撞击,致使该车抛锚、左侧围前部严重受损,并拖到修理厂进行检修。

接车后,经过诊断发现:前立柱、中立柱、前门框、前翼子板均有不同程度的变形,需要校正处理;前立柱校正后需要局部(损伤)切断和更换;车门面板、门槛外板大面积损伤,均必须更换。左侧围修理必须按下列工艺流程进行。

1) 立柱和门框的校正

校正前先将前、后门卸下,同时用一根木棒从车轮与翼子板的空隙处伸进,用力往外撬,将翼子板凹坑大体上顶出来,以便于立柱校正和翼子板就车修理。

立柱和门框的校正步骤如下:

(1) 将撑拉器一端挂于中立柱上,另一端固定在车身校正仪拉塔上。

(2) 用撑拉器单一方向将中立柱拉回原来形状。

（3）用手提式油缸从里边撑顶，同时拉拔前立柱（如图5-27所示），并对其修复。

（4）将顶角凹陷处初步顶起后，再用螺旋式撑拉器置于门框右上角与左下角之间，旋转手柄。随着手柄的旋转，撑拉器两端螺杆开始伸长，门框则在撑拉器撑顶作用下逐渐恢复原状，如图5-28所示。

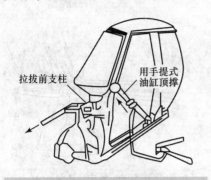

图5-27 前立柱撑顶修复

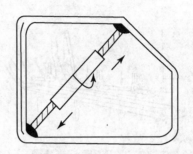

图5-28 校正车门框

（5）用锤子、顶铁及氧—乙炔焰等修复凹坑和凸起并整平。

2）门槛外板的更换

更换门槛外板按下列步骤进行操作：

（1）将损坏的部分切掉，以便拆卸，如图5-29所示。

（2）用气动砂轮机打磨掉焊缝，如图5-30所示。

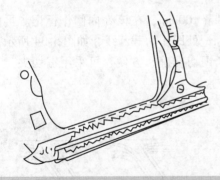

图5-29 切掉损坏部位

图5-30 打磨焊缝

（3）用小型带式打磨器从内侧打磨焊接部位，如图5-31所示。

（4）再用电钻逐点钻除焊点，这些焊点孔在安装新件时将用来作塞焊孔。至此即可拆下门槛外板。

（5）新门槛外板安装前，先在塞焊孔处涂上透焊防蚀涂料。

（6）在后轮罩上与门槛外板的接合部位涂上密封胶。

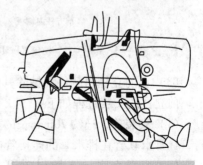

图5-31 打磨内侧焊接部位

（7）在门槛接合面上涂敷适当的环氧树脂焊缝黏结剂。注意一定不要将黏结剂直接涂到塞焊孔处。

（8）对好定位孔，将新板放置到位并夹紧，如图5-32所示。

（9）对图5-33中所示的A～E部位进行钎焊，然后在孔内用CO_2气体保护焊进行塞焊。

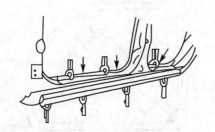

图5-32 装夹新门槛板

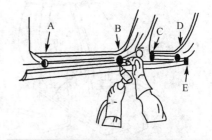

图5-33 在定位孔内塞焊

（10）用气动砂轮机磨平塞焊和钎焊，然后用打磨机进行打磨，再涂上接缝密封胶。

（11）按照正确的方法在新安装的门槛内表面涂防蚀剂，完成安装。

3）前立柱的更换

它包括前立柱的截断与安装两道工序。

前立柱的截断步骤如下：

（1）找出前立柱上的基准孔，由此向下测量100mm，在该处内侧作标记。再由此标记向上测量60mm，在该处外侧作标记。两标记处即作为截断线，如图5-34所示。

（2）在两根截断线处将前立柱截断，为了锯切准确、方便，可采用锯切夹具。这种夹具可用边脚料自制，如图5-35所示。

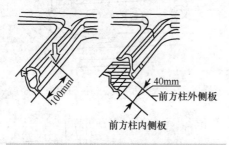

图5-34 在前立柱截断位置做标记

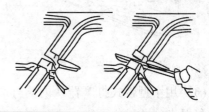

图5-35 利用夹具切割前立柱

（3）从前立柱内侧仔细钻除其两个切口之间和底部的焊点，卸下前立柱。

前立柱的安装过程如下：

（1）安装前，把约70mm长的立柱内的旧泡沫充填材料清除掉，以便充填新泡沫材料，让排水软管在排水管的连接管插入时能够膨胀，如图5-36所示。

（2）把前立柱上端截至与所需尺寸相配的对接接口。

（3）在前立柱底座上钻出塞焊孔，塞焊用CO_2焊进行。

(4)在排水软管上涂上肥皂水,使连接管插入容易,然后将新立柱安装就位。注意应保证把排水软管正确地插入立柱的排水孔,如图 5-37 所示。

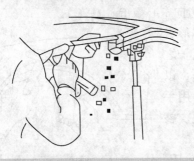

图 5-36 清除前立柱内的旧泡沫材料

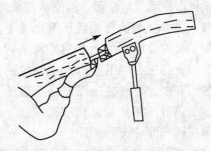

图 5-37 安装有排水软管的前立柱

(5)将前立柱夹紧固定,检测其定位配合情况。
(6)取下前立柱,仅在塞焊接合面涂上透焊防锈剂。
(7)在其余配合表面涂焊缝胶黏剂。
(8)按制造厂家的说明进行塞焊和缝焊,修整焊缝。
(9)由前立柱内侧上部的注入孔注入泡沫材料,如图 5-38 所示。
(10)清除连接部位多余的泡沫材料。
(11)焊缝部位涂上双组分环氧树脂保护漆和颜色涂料。
(12)在未填充泡沫材料的内表面涂上防锈剂。

4)车门的维修

该车左后门受撞击轻微,采用焊接垫圈拉伸法,在 40min 内就可以修复。然而,该车左前门受撞击严重,需要更换其面板。

5)左前翼子板的修理

该车采用如图 5-39 所示的钣金整形夹修复翼子板。钣金整形夹是一种汽车钣金修理工具,其结构简单,使用方便,整形效果好。对于受到撞击造成凹陷的翼子板,修复时使用这种工具可以不必卸下翼子板,即能完成凹陷部分的整平,并且整平效果明显优于普通手工整形。整形用的辊子形状有很多种,可选择使用。对于一般性撞击产生的凹陷较浅,可先用木锤大致敲平后,再用整形夹的辊子滚压,即可使其恢复原来的形状。

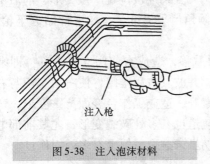

图 5-38 注入泡沫材料

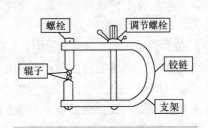

图 5-39 汽车钣金整形夹

用钣金整形夹修复翼子板的步骤如下:

(1) 利用千斤顶将车顶起，拆下车轮和车灯，除去翼子板里边的灰尘与污泥。

(2) 在翼子板凹陷处背面垫好沙包，用木锤将表面大致敲平。敲击时要缓和，避免将钢板敲胀而发生变形，且应从凹陷部位的周边向中心敲击。

(3) 选择适当的辊轮装于整形夹上，再将整形夹装于翼子板的被撞部位，并调整调节螺栓，使辊子之间施加轻微的压力。用整形夹做均匀的反复滚压，以压平凹陷部位。观察被撞部位是否滚压平整，再用手触摸，如仍有不平之处，再继续滚压，直至压平。整平翼子板后，即可卸下整形夹。

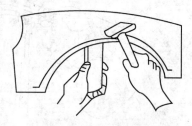

图 5-40 翼子板外缘撞击的修复

(4) 翼子板的边缘处应用专用的顶铁在里边垫托，顶铁的边缘要对准弯折线，一手持锤从正面弯折线外缘敲击，如图 5-40 所示。敲击时逐渐移动顶铁，循序渐进，使工件边缘逐渐恢复原形，直到全部平整。

(5) 装上车轮、车灯等附件，待检验无误后，进入喷漆工序。

2. 帕萨特领驭轿车右前部碰撞的修复

一辆购买不久的上海大众帕萨特领驭 1.8T 轿车，傍晚时撞上路边同向行驶的电动自行车。以下就车身受碰撞损伤评估及修复过程进行描述。

1) 碰撞损伤车辆的拆解、检查与评估

该车在事发后被拖入汽修厂进行拆解、评估、修复。当时从外围目测到：右前轮毂严重受损，铝圈多处破裂，两条轮胎损坏无法修复；发动机罩从前向后严重变形，左右翼子板、前保险杠、右前照灯、右前车门严重受损，无法修复；前风窗玻璃严重破损，车顶大面积塌陷，天窗无法使用，主副气囊已爆开。

(1) 打开进一步检查：发动机罩，发现散热器框架破裂、空气滤清器壳总成严重破裂。拆去前保险杠、发动机罩、左右翼子板及内衬、散热器框架，又发现该车内部深处多处受损。如左侧转向助力液压缸、喷水壶、中冷器及其采风口受损，前保险杠骨架变形，前保险杠支架玻璃钢破损，造成其右侧的空调管、冷凝器、干燥器和蒸发器也受损。

(2) 支起车辆，发现右侧悬架系统的受损。右前减振器折曲严重，上下铝摆臂球头脱出，右侧转向拉臂弯曲，传动轴球笼脱出，元宝梁连接位置严重变形，前后两角也严重撕裂，发动机下护板破损严重，右后车轮倾角严重失准，车轮上部贴近车轮内板，无法运转。

(3) 最为严重的是，右前轮因受力变形而后移，造成右前门立柱下部，即乘员舱地板前部加强肋、门槛组合件等严重扭曲变形，并波及右后车门，使右后车门与右后翼子板几乎没有间隙。乘员舱内，由于主副气囊爆开，造成工作台表面严重变形，弯曲面无法修复。拆去顶棚吸音板发现天窗玻璃滑行轨道也有多处破裂变形，尤其前部电动机连接位置是由玻璃钢制成而无法修复，天窗玻璃虽未破裂，但也有多处损伤点。

2) 维修方案

(1) 承修方即汽修厂需要有一类汽修资质，或是上海大众维修站。根据拆解过程，出示更换部件名录同时进行报价。需更换的部件有：前保险杠总成及其外皮主体、下格栅（左、中、右）、左右角装饰条含电镀条、前格栅总成、右前雾灯、散热器框架、右前翼子板含内衬、发动机罩、前保险杠内杠、支架、空调管（冷凝器—干燥器、干燥器—蒸发器两组）、空气滤清器壳总成、中冷器及其集风口、喷水壶、转向助力油壶、右前减振器、右前悬架上下铝摆臂、下撑臂、元宝梁、发动机前支架（左右）、变速器左右支架、右A柱含内加强肋、右前车门上下铰链、右前乘员舱地板加强肋、仪表工作台面板、主副气囊、气囊游丝、电脑板、天窗总成、后桥总成、油箱气滤活性炭罐及其连接管道，而右前门采用整形修复。

（2）维修方案。拆除发动机总成、仪表工作台总成、蒸发器及暖风机总成、空调管总成，掀开乘员舱底毡，拆除顶棚吸音板，然后对车顶外皮进行整形校正；之后，把车壳安装在大梁校正台上。接着按如下工序进行：整车的测量→校正→测量→安装外观覆盖件、外形调整→内表面喷漆→总体安装调试→外部喷漆→总试车→试验合格→出厂。确定维修工时、工期（约45d），车主确认后签订承修合同。

3）维修过程

由于该车碰撞受损严重，多处严重变形，较深位置也有变形，在将该车夹持到车身大梁校正台前，应先对其进行全面拆卸，如发动机舱、乘员舱、右前车门总成等。

（1）将受损车辆在车身大梁校正台（非上海大众B5轿车专用"使力得"车身大梁校正台）上按要求居中定位夹持并固定。左侧门槛位没有变形因而方便夹持，而车身右侧后部可以对称夹持，右前角由于A柱下部与车门槛严重变形扭曲而无法夹持，因施工需要可在右侧门槛位置取方便处进行夹持，然后拆除前后桥及悬架系统以方便钣金工进行测量。

（2）对事故车辆进行车身大梁、地板系统的精确测量，并进行底部、大梁变形位校正。测量结果显示右前A柱下部偏差较大，后桥固定点的偏差在允许误差范围内，左侧前纵梁参数基本准确。因此，确定先行校正A柱下部。

首先根据"后进先出"的原则，对A柱下部多点沿碰撞受力相反方向进行有效拉伸拓展，待主要测量指标达标后，对A柱进行解体，局部整形校正，更换A柱内加强板、外皮（在右侧围上局部按需要锯割）。右前门槛由于A柱下部的拉伸校正归位也同时被拉伸回位，进行局部锤击卸力后，达到了规定的参数标准。然后对照左侧进行强制夹持，以方便进一步对A柱及整个车身的拉伸校正。这个点位的精确夹持标志着整车乘员舱地板的拉伸校正工作结束。

A柱内加强肋与外皮的更换、焊接（惰性气体保护焊接）结束后，在对右前车门进行调试安装过程中发现此车门合页原位固定后有部分上翘，车门框数据测量显示：右B柱上角与A柱下角测量距离偏小。因此采用分离式液压千斤顶实施对撑。对撑过程中发现右后门与右后翼子板的间隙已经变大，这种现象表明承载式车身为一个整体的概念，其中任何一处的变化都会对其他部位产生影响。随后，锤击有关力点进行卸力，撤去千斤顶再测量，并关门试验，如此反复进行，直到测量数据达标，车门开关自如，门沿一周间隙均匀且达到标准。另外，撑持过程中有必要对前风窗玻璃上沿边梁进行拉伸校正。

在拉伸、校正、整形、更换内加强肋的过程中，应同时对乘员舱地板、右前乘员舱地板加强肋进行拉伸、校正，并更换此加强件。另外，还应加强对元宝梁右后部固定点参数的测量，虽然在拆解后没有发现该车的前右侧纵梁有明显的褶皱，但该点参数是经过整车拉伸校正修复后保持整车性能的关键。

此过程结束时还应对车身大梁尤其是右前纵梁各测量点的参数进行更进一步的精确测量，并将其与标准数据图进行比对，如有偏差则应及时进行拉伸校正，再测量，再比对。当然最后还要对两个前减振器上支架点的数据进行测量比对，在确保参数准确外，也为下一步的左右翼子板、发动机罩等发动机舱外围覆盖件的安装调试提供理论依据。

（3）发动机舱外围覆盖件的调试与初步安装。发动机舱外围覆盖件包括：左右前翼子板、发动机罩、散热器框架、前照灯、前保险杠（含支架、外皮）。调试安装时要注重的是翼子板上边梁各点数据测量、拉伸校正。

这里要强调的是要注意翼子板、发动机罩、散热器框架、前照灯、前保险杠等部件的产品质量，市场上销售的汽车部件的规格、生产厂家都有很大差别，产品质量良莠不齐，而组装线上的配套部件在市场上是很难买到的，选用的配件一定要与该车相配套。如果两块翼子板使用不同厂家的产品，就很有可能由于使用的模具尺寸不一致而造成两侧车身的前后整体弧线不一，与发动机罩、前照灯、前保险杠的配合间隙也就很难一致，达不到标准。所谓原厂正宗产品在这里的效果是显而易见的，哪个部件的产品质量不合格，它与周围部件的配合就会出现偏差，勉强使用就会直接影响整车修复后的外观效果，甚至影响到行驶性能。

（4）前风窗玻璃、天窗的安装调试及车顶外皮的整形修复。该车的前风窗玻璃安装调试重点在于上边缘线的协调，即玻璃上边缘口边梁的校正（弧线对照）。天窗是关键，很多带天窗的车辆整形修复后，出现天窗漏水、开关不自如、有异响等现象。为防止出现天窗漏水，关键要注意以下几点：

①天窗玻璃与天窗开口边缘的吻合很重要，四周及四角必须水平一致，顺应车顶外皮的整体流线，外皮修复应使用外形修复机进行整形修复。

②有些车顶塌陷严重，会引起天窗周围固定点位的边梁即加强件的变形，这些变形有时不是很显著，在天窗整体安装过程中容易被忽视，往往会引起天窗两侧轨道在被固定后出现扭曲而直接导致天窗漏水、玻璃前后移动困难、出现异响等。

③更换天窗的质量检验。天窗是非常"娇气"的，其质量的检验应通过比对原车天窗来进行，不合格的产品坚决不能使用。

④天窗四角的排水软管。在安装车顶吸音板前，必须使用压缩空气吹试天窗四角的排水软管。出气口一定要在此管的规定出口位置，只有这样才能保障车顶天窗在遭受大雨和洗车时能使积水沿泄放软管按规定路径顺利排出，而不再出现天窗漏水与吸音板潮湿的现象。

（5）防锈、防腐蚀、防漏水的处理。根据汽车维修行业规定的标准，汽车在维修后两年内不得出现维修部位锈蚀的现象。维修过程中，必须对切割、焊接、更换结构件的部位进行有效的处理。一般做如下处理：对箱形截面内腔，可从不同的孔径喷涂防锈蜡，焊接面使用可透焊锌底漆，接触缝边缘使用PU结构胶进行处理，底面和朝下的面再加喷底盘胶或凹凸胶。当然，在此过程中，车身的切割、焊接必须遵循有关技术工艺要求的规定。

(6) 内外饰物、主要构件的总装调试。由于前面的车身大梁、地板等的拉伸校正整形工作参照了原车的数据图册，并进行了精确的反复测量比对工作，数据基本符合要求，故可以进行总装工作。前后悬架系统的安装调试，要看过程，更要关心更换部件的规格和质量，这样才能为后面的四轮定位、路试提供有力保障。

总装结束后，必须进行简单的路试，然后回厂检查再次紧固相关部件、连接螺钉、螺母等，上四轮定位仪参照系统数据进行比对调试，确定符合规定参数后，打印测试报告供车主检验，再次路试（路试科目要到位）。路试合格后则交油漆工进行外表喷漆加工。

总结维修过程：关键要注意钣金修复过程，更换的结构部件、可拆卸的零部件，必须更换原厂正宗配件。操作过程应使用合理、合适的生产加工工具、技艺和设备等，避免野蛮操作。不可对不应整形修复的部件强行修复，坚持避免使用氧—乙炔火焰切割、焊接、加热处理有关部件。只有这样才能保障此车修复后的形状、性能达到原车的设计要求，使得该车在以后的行驶中在遭遇二次碰撞后的碰撞损伤降到最低，方便再次修复。

3. 帕萨特领驭轿车右侧、前部严重碰撞的修复

一辆 2007 年 6 月生产的上海帕萨特领驭轿车，以 120km/h 的速度在高速公路上行驶，侧向近距离超越一辆以 80km/h 的速度正常行驶的大型载货车时，载货车备胎突然脱落，砸在了领驭轿车的右前方。领驭轿车紧急制动，结果导致冲向高速公路护栏，车毁人伤，护栏毁坏三节。

领驭轿车前部、右侧严重变形，发动机罩、右前翼子板、前保险杠、格栅、前照灯全部损坏，右前轮挤在右前门柱上，主、副气囊爆炸打开，整个右侧车身变形、车顶翘曲、天窗无法起动。由于突遭袭击，驾驶员采取措施得当，驾驶员安然无恙，前排乘客没系安全带，造成骨折，除前排乘客侧安全带没有锁死外，其他安全带全部锁死。后排尽管无人乘坐，但安全带是紧贴靠背的，车身瞬间受撞击，安全带涨紧器爆炸而锁死。

检测车身外观，测量车身损伤部位，基本情况如下：

(1) 左前纵梁根部后缩 10mm，元宝梁连接部位上移 8mm，前部左移 20mm，元宝梁后固定点螺栓位歪斜。

(2) 右前纵梁部分的右侧保险杠内杠固定位后缩 35mm，翼子板边梁、边梁加强件折褶严重，翼子板边梁支撑组件锁死，右前减振器上支座测量点内移 28mm，前围板右侧折褶严重。

(3) 右 A 柱根部被轮毂击中后移 40mm，车门上下铰链间立柱存在折褶，上下距离缩短 15mm。

(4) 右前门严重挤毁，右后门挤伤较前门轻，可以修复；右后翼子板轮眉部位挤陷 25mm。

(5) 后桥由于右后轮遭遇高速公路护栏，右侧前叉测量显示外斜 15mm。

(6) 其他前后悬架系统的铝合金拉臂、撑杆全部变形或损坏，前桥系统的变速器

托架（元宝梁）严重变形，铝合金构件全部损坏，所有悬架系统的胶垫也全部撕开。

对该车车身进行较彻底的修复，分三步进行，希望达到相关车身修复质量的目标：首先校正车身底部大梁、地板，以期前后桥悬架系统尺寸符合要求；然后将前围、仪表工作台支座、地板整形到位；再对两前门立柱进行拉伸校正，试装车门，力求使其与后门外皮的缝隙上下均匀，达到3.5mm（维修手册要求是：车门与翼子板间3.5mm；车门与车门间4.5mm）左右，同时使翼子板、发动机罩间隙均匀，达到标准要求。

下面是按上述方案对该车车身进行修复的详细过程。

1) 在车身大梁校正台上夹持固定车身

首先由机电工拆去发动机、变速器、前后悬架、仪表工作台、暖风机、空调蒸发器总成以及整车线束总成等；然后由钣金工拆去座椅、地毯等，把车身夹持固定在车身大梁校正台上（非B5轿车专用校正台）。由于右A柱严重变形，夹持点暂时放置在B柱下方。

2) 检修后桥部位

考虑到该车身在车身大梁校正台上固定夹持时，左前、左后、右后三个夹持点的夹具高度一致，测量左后、右后门槛折点的高度也一致，行李舱地板的纵梁没有变形，后桥在车身上的固定点均没有变形，于是决定先更换后桥，组装后悬架系统，之后再查看两后轮的状态。由于后桥与车身大梁的连接使用的是两铝合金胶套，且螺栓孔是前后可调整的，在测定两固定点位置高度、宽度符合原车设计要求后，试装后桥及后悬架系统，一切正常。

3) 元宝梁两后固定位置的校正

经测量发现，乘员舱地板后部变形较小，两侧B柱没有变形，元宝梁两后固定点与后桥固定点距离基本一致，左侧高于右侧约10mm，左右两前纵梁主体没有明显折曲存在，只有两前元宝梁螺栓固定件存在变形。因此，确定先对元宝梁两后固定位置的宽度进行拉伸、校正。同时，随机对乘员舱地板的折曲进行锤击展开，间接对前围板上的下部折曲进行锤击，以消除应力、加工整形复位。当元宝梁两后固定点位置宽度距离达到620mm时，使用50mm×100mm的槽钢钻孔，孔径φ12mm，使用元宝梁螺栓先行固定，以期在以后对其他位置进行拉伸、校正时，保证这两点距离不变。当然这个过程中有必要对两A柱根部使用外焊拉伸板同时向两侧拉伸，元宝梁后固定点的拉伸、校正使用分离式液压千斤顶支撑。宽度数据达标时，用槽钢螺栓紧固。

4) 两B柱的校正

两B柱的校正是结合前减振器上支座位的拉伸校正同时进行的。

由于左A柱没有明显的折曲存在，两铰链固定位置有少量内移，使用等离子切割机在铰链位内板上开口、锤击立柱加强件，使之复位。这个过程中，两前减振器上支座宽度调整仍然使用分离式液压千斤顶支撑。两支座外部螺栓固定孔间距离达到1028mm时，使用50mm×50mm的角钢钻孔（φ12mm）并用螺钉固定，同时展开前围板上的所有折皱。

5) 右A柱的整形修复

由于右A柱变形折曲严重，需要对右A柱进行解体：用电钻钻削点焊点，在上铰链下部锯开外皮并剥下，A柱加强件分上下两件且没有焊接。右前门槛随着A柱根部的变化而发生较大变形，钻削A柱与门槛内加强件，并对A柱外皮进行冷作加工整形。A柱与门槛内加强肋在门槛拐角位置是一件整体，变形不大，只是前部内移了约20mm，外焊拉伸板外拉校正。加强件上的铰链固定部位与上铰链距离符合车门安装要求后，拼焊外皮，用千斤顶上下支撑两铰链，试装车门，焊接锯缝，调整两前车门时充分顾及两后门与后翼子板间的缝隙及两侧流线型的一致性。A柱、门槛外皮组焊后，右前夹具前移至右A柱下夹持位置，并保持与其他三夹具高度一致。调整车门间隙时使用分离式液压千斤顶支撑门框。当所有车门外皮间隙达到3.5mm时，试装前门锁块，确认锁闭牢靠、开启自如时，两A柱拉伸、校正结束。

6）元宝梁两前固定位置的测量、拉伸、校正

随着整车拉伸、校正过程的展开，两B柱的拉伸、整形结束，测量两元宝梁后固定点高度时发现，此时两点高度基本一致，两前减振器上支座对称固定孔位置高度也基本一致。这说明承载式车身是一个整体，局部变形整体有变化，个别部位的拉伸、校正复位能够促使关联部位的复位。接下来开始元宝梁两前固定位置的测量、拉伸、校正工作。由于元宝梁前固定位置是由超高强度钢板制造，并外焊在纵梁主体上，考虑到就车拉伸的难度和纵梁主体的结构，拆下了两固定位置组件，通过冷作加工整形，CO_2焊塞焊牢靠后，测量得两螺母点位置的高度、宽度以及元宝梁后两点的距离，长度两侧一致，宽度达到813mm。

高度基本一致后，拆去后位槽钢试装元宝梁，确认拆卸方便，且左右调整有效时，再测量元宝梁4个固定点与后桥对称固定点的前后长度、对角线数据，并符合该型轿车的数据要求后，试装元宝梁。这时，左前纵梁前部基本复位，原来偏移的20mm，即随着元宝梁固定点成功复位也成功复位了。

7）右前纵梁的拉伸、校正、整形

由于该纵梁前部折曲较为严重，翼子板边梁、边梁加强件支撑组件均有较严重的折曲，因此，拆下翼子板边梁加强件，对其进行冷作钣金整形，更换边梁支撑组件，对翼子板边梁进行独立的拉伸、校正，最后将其与左侧翼子板边梁进行对比。

按照车身数据要求将右前纵梁拉伸、校正到位，同时保证发动机罩铰链前部固定点之间的距离为1416mm，翼子板两前固定孔之间的距离为1274mm，以上4点对角线长度为1578mm，两前纵梁前端四方内杠支座内下孔距离为820mm。试装中冷器进气弯钢管、前保险杠内杠。然后使用CO_2焊对右前纵梁前部外皮、翼子板边梁、加强件、支撑组件进行拼焊，焊点为原钻削点、切割点，连接纵梁时，采用内附连接板塞焊。

8）装复其他机件，进行检查与调试

试装两前翼子板、发动机罩、散热器框架等（前照灯、格栅、保险杠待下步整形、校正时再试装、调整）。至此整车的底部拉伸、校正到位，上部基本达标。接下去的工作是对仪表台底座附近部件，如前围板、落水槽、A柱、纵梁的构件搭接处重新抹刷钣金胶进行防漏、防腐蚀处理。

对原车喷涂底盘胶的部位重新喷涂凹凸胶。之后由油漆工对发动机舱、乘员舱、仪表台等部位进行油漆处理。这里补充一点，修复本车的过程中，焊接前均对结构件内表

面和相关连接件进行过凹凸胶喷涂处理，这样切割分离构件的有效防锈蚀措施得到保证。

在机电工总装整车线束、前后桥系统、发动机、变速器等相关组件后，将车辆着地，测量车轮轴距，结果两侧基本一致，车轮着地后的状态良好。接通电源，起动车门玻璃及天窗开启装置，拆去两前车门玻璃、天窗总成……紧接着，依原车要求对四车门进行重新调整，需要整形的一并加工校正。外皮使用车身外形修复机的介子整形、炭棒收火技术，并结合锤击消除应力。重点是右前门槛外部的整形也同样使用了外形修复机整形。操作中还借助了其他有关的动力设备。最后，对车门密封条、装饰件、车门玻璃进行试装，确认线条流畅，两侧弧线一致，车顶天窗启闭自如后，起动发动机试车，并进行必要的漏水试验（大水从车顶倾泻、高压枪喷洗），试车、试验后一切正常。

接下来的工作是对前照灯、格栅和前保险杠进行试装调整。整车总装结束后就着手对汽车进行四轮定位。机电工对前后桥进行简单的调整后，打印出来的检验报告符合原车设计要求。这里要说明一点的是：领驭轿车后桥铝合金固定支座可前后调整，元宝梁（变速器托架总成）可左右调整，调整幅度为 ±5mm。

经过路试（低速、高速），确认车辆一切正常后，交油漆工进行外表涂装。由于前风窗玻璃框架没有明显变形存在，前面的整车拉伸、校正过程没有涉及前风窗玻璃的状况，所以可以开始安装前风窗玻璃。

这样，整个修复过程历时35d。尽管没有使用定位拉伸夹具的B5、A6专用校正台进行整车的拉伸、校正、整形，经历了不少周折，结果还是令人满意的。如果使用B5专用校正台会使车身修复工作的难度、强度会低很多，专用校正台的"拉伸—测量—定位夹持—保持"过程将修复点的拉伸校正一步到位，车身修复也是一次成型。

二、任务实施

(一) 任务实施程序

(1) 填写初检交接单。
(2) 测量、检查和分析。
(3) 小组讨论事故车检验项目的处理意见。
(4) 拟定事故车的修复评估报告。
(5) 事故车的修复。
(6) 竣工质量检验,填写质量检验单。
(7) 小组总结。

(二) 准备工作

(1) 事故车辆 准备有钣金件损伤的事故轿车、客车和货车各一辆。
(2) 检测工具 钢卷尺、测距尺
(3) 维修工具设备 钣金锤、顶铁、橡胶锤(木锤)、撬板(杆)、气动锯、车身外形修复机、等离子切割机、CO_2焊机、角磨机、各种扳手等。

(三) 任务实施

首先根据初检交接单,用合适的工具对车辆钣金件进行检查测量,然后进行碰撞分析,根据分析结果讨论损坏钣金件的修复意见,再制定出详细的修复评估报告,进而根据修复评估报告对事故钣金件进行拆卸、撬垫、牵拉、开褶、切割、焊接等工作。最后进行装配、调整、检验。

下面以对车门维修和客车蒙皮更换为例叙述实施过程。

1. 车门维修

车门维修工艺过程如下:

(1) 检修前,再次检查车门铰链是否弯曲;观察车门与门洞间的位置关系;查看面板的固定方式,同时拆下车门的内部附件。

(2) 用氧—乙炔焰和钢丝刷除掉面板边缘焊点部位的油漆,然后用手电钻和焊点剔出工具除掉焊点。

(3) 在门框上贴上标记条,分别测出面板边缘到标记条下边线的距离 b 和面板边缘到门框的距离 a,如图 5-41 所示。

(4) 用等离子弧切割机或砂轮机把面板与门框之间的钎焊缝剔出。

(5) 打磨面板边缘的翻边,只需磨掉外缘而使其断开即可,不要打磨到门框上。不要用切割锯或电凿来拆卸,以免造成门框变形或意外割坏,如图 5-42 所示。

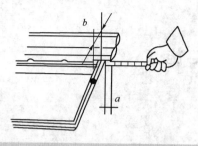
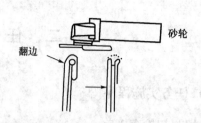

图 5-41　测量出面板的位置　　　　图 5-42　翻边外缘被打磨前和打磨后的断面

（6）用锤子和堑子把面板与门框剥离开；用剪刀沿那些无法钻掉或磨掉的焊点周围把面板剪开。

（7）到面板能自由活动时，拆下面板。用钳子拆除留下的翻边，再有砂轮机打磨掉残留的焊点、钎料和锈斑。

（8）拆下面板后检查门框的损坏情况，同时对内部损伤进行修理（必要时，用锤子和顶铁修理内折边上的损伤）。

（9）在焊接部位涂上透焊防蚀涂料，其余裸露部位涂防锈漆或其他防锈涂料。

（10）准备安装新面板。钻出塞焊用孔，用砂纸磨去焊接或钎焊部位的油漆。裸露部分涂上透焊防蚀涂料。

（11）在新面板背面涂上车身密封胶，在距翻边10mm处均匀涂抹，厚度为3mm。

（12）用夹钳将面板安装到门框上，准确地对好位置，对需要钎焊的部位认真进行钎焊。

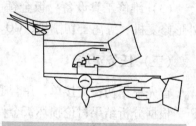

（13）用锤子和顶铁做翻边，翻边时顶铁上应包上布，以免划伤面板。翻边应分三步逐步进行，注意不要使面板错位，也不要出现凸起或折痕，如图 5-43 所示。

图 5-43　敲出面板边缘的翻边

（14）翻到 30°后，用翻边钳收尾。收尾也分三步进行，同时注意不要造成面板变形，如图 5-44 所示。用点焊或塞焊焊接车门玻璃框，然后再对翻边进行定位点焊。

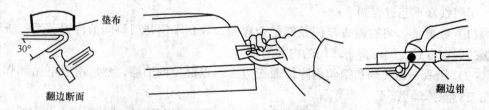

图 5-44　用翻边钳进行翻边

（15）在翻边处涂上接缝密封胶，在焊接和钎缝部位的内侧涂防蚀涂料。

（16）在新面板上钻出用于安装嵌条和装饰条的孔。在安装任何零件前，所有的棱边都要修整好。

（17）将车门放入门框内，检查定位状况，为表面修饰做好准备后，把两个车门装好。

（18）调准车门与相邻板件间的位置关系，检查转动是否灵活。

2. 更换客车蒙皮

蒙皮严重锈蚀无法修补时，应全部进行更换。一般多采用机械冷张拉法，其工艺如下：

（1）将卷板按前后蒙皮所需尺寸横向裁剪（比实际尺寸长 50~100mm），在平板机上展开再在剪床上对板料作纵向剪裁；剪裁后的蒙皮应用专用拖架运输。

（2）蒙皮进行除锈处理后，两面刷涂磷化液和防锈涂料。

（3）两块蒙皮的一端分别焊在侧骨架前后立柱上，在两块蒙皮的另一端（车门两立柱之间）用绳索螺栓扣（花篮螺栓、紧线扣）改制的张拉器连接。

（4）用绳索将最上一个张拉器吊在侧骨架上边梁上，均匀带紧各个张拉器，调整绳索至蒙皮与侧骨架水平对齐，预拉使蒙皮成直线状态后，对蒙皮的局部凹凸点进行矫平。

（5）在紧贴车门立柱的蒙皮内侧，用划针沿靠车门一侧立柱边缘高度方向划上标记。均匀收紧各个张拉器。当张拉伸长量达到一定值（A3 冷轧钢板伸长量取蒙皮长度方向和立柱内侧高度方向），用 CO_2 气体保护焊进行分段角焊（施焊长度 10~15mm、间距 60~70mm）。

（6）松开张拉器，剪去多余的蒙皮，最后对在车门立柱位置上的蒙皮进行塞焊。

当板料不够长或需对张拉蒙皮作局部修理时，可采取搭接的方法，即将张拉器的一端连接在立柱上（为防止立柱变形，立柱上应加垫块，并在受力方向加支撑，否则要减小蒙皮的伸长量），按前述方法拉好第一块蒙皮后，将第二块蒙皮搭在第一块蒙皮上，用塞焊和角焊固定后，再采取相同的方法张拉第二块蒙皮。

三、评价反馈

1. 自我评价

(1) 通过本学习任务的学习你是否已经掌握以下内容：

①车身附件和钣金件的拆卸方法、步骤和注意事项是什么？_____
_____
_____。

②如何进行车门、翼子板、行李舱盖的更换与调整？_____
_____
_____。

③如何更换轿车的前后风窗玻璃？_____
_____
_____。

④钣金件的开褶、撬垫要领是什么？_____
_____
_____。

⑤如何对客车外蒙皮进行更换？_____
_____
_____。

⑥如何对客车的骨架进行加固？_____
_____
_____。

⑦如何对货车钣金件进行维修？_____
_____
_____。

⑧如何对事故车辆进行车身维修进行竣工质量检验？_____
_____
_____。

(2) 实训过程完成情况。

评价：_____
_____
_____。

(3) 工作着装是否规范？

评价：_____
_____
_____。

(4) 能否积极主动参与工作现场的清洁和整理工作？

评价：_____

_____

_____。

(5) 在完成本学习任务的过程中，你是否主动帮助过其他同学？并和其他同学探讨事故车修复评估报告制定的有关问题？具体问题是什么？结果是什么？_____

_____。

(6) 通过本学习任务的学习，你认为哪些方面还有待进一步改善、提高？_____

_____。

签名：_____　　____年____月____日

2. 小组评价

小组评价见表5-1。

小组评价　　　　　　　　　　　　　　　　表5-1

序号	评价项目	评价情况
1	学习态度是否积极主动	
2	是否服从教学安排	
3	是否达到全勤	
4	着装是否符合要求	
5	是否合理规范地使用仪器和设备	
6	是否按照安全和规范的规程操作	
7	是否遵守学习、实训场地的规章制度	
8	是否积极主动地和他人合作、探讨问题	
9	是否能保持学习、实训场地整洁	
10	团结协作情况	

参与评价的同学签名：_____　　____年____月____日

3. 教师评价

_____

_____。

教师签名：_____　　____年____月____日

参 考 文 献

[1] 曾鑫. 汽车车身修复 [M]. 北京：化学工业出版社，2010.
[2] 焦建民. 汽车车身修复技术 [M]. 北京：北京理工大学出版社，2006.
[3] 顾平林. 汽车碰撞钣金修复技巧与实例 [M]. 北京：机械工业出版社，2010.
[4] 程玉光. 机动车维修车身修复人员岗位技能训练 [M]. 北京：机械工业出版社，2006.
[5] 吴兴敏. 汽车车身结构与维修 [M]. 西安：西安电子科技大学出版社，2006.
[6] 明光星. 汽车车损与定损 [M]. 北京：中国人民大学出版社，2009.
[7] 韩星. 汽车车身修复技术 [M]. 北京：冶金工业出版社，2009.
[8] 宋年秀. 汽车装饰与车身修复技术 [M]. 北京：北京理工大学出版社，2007.
[9] 鲁植雄. 大客车维修专门化 [M]. 北京：人民交通出版社，2003.
[10] J. E. 道菲. 事故车维修基础 [M]. 北京：机械工业出版社，2008.
[11] 吉国光. 2000 款日产风度 A33 左侧围受撞 [J]. 汽车维修技师，2009（5）、（6）.